아이를 바꾸는

학습코칭론

국립중앙도서관 출판시도서목록(CIP)

아이를 바꾸는 학습코칭론 = Education coaching manual / 이강욱 지음.-
서울 : 토담미디어, 2008
　p. ;　cm

ISBN 978-89-92430-18-0 03370 : \12000

학습법[學習法]

373-KDC4
371.3-DDC21   CIP2008001935

공부 잘하는 아이 뒤에는
반드시 학습 멘토가 있다

아이를 바꾸는
학습코칭론

이강욱 지음

토담미디어

공부 잘하는 아이 뒤에는 반드시 훌륭한 학습 멘토가 있다
아이를 바꾸는 학습코칭론

Prologue | 학습 코칭으로 깨우는 잠재력 …006
추천사 | 학습코칭의 본질을 투명하게 밝힌 책_문용린 …014
추천사 | 이제부터가 시작이다 …016

PART 01 :: 성공학습의 원칙—학습코칭의 개념과 원리

01 학습 코칭의 힘
- 01 :: 학습 코칭으로 시작하자 …021
- 02 :: 귀 기울이고, 질문하라 …027
- 03 :: 가능성을 현실로 만드는 학습 코칭 …033
- 04 :: 행운을 부르는 긍정적인 생각 …039
- 05 :: 내 아이의 운명을 바꾸는 방법 …045

02 자기주도형 학습의 키워드
- 06 :: 진짜 공부 이야기 …055
- 07 :: 동기 없는 실행은 없다 …062
- 08 :: 시간을 잡는 사람이 승리한다 …066
- 09 :: 아무도 대신해 줄 수 없는 '결정' …075
- 10 :: 타고난 지능보다 중요한 것 …081
- 11 :: 계획이 성패를 좌우한다 …087

PART 02 :: 성공학습의 로드맵—학습코칭의 실천

03 목표가 의미하는 것들

12 :: 너는 어떤 사람이니? … 097
13 :: 꿈 목록 만들어 보기 … 103
14 :: 의미있는 삶을 위한 사명과 비전 … 109
15 :: 멘토와 함께라면 힘들지 않아 … 114
16 :: 공부? 하고 싶은 만큼만 하자 … 119

04 시간을 관리하는 방법

17 :: 가장 소중한 일을 먼저 하는 거야 … 127
18 :: 시간, 어떻게 사용하고 있니? … 133
19 :: 알고 보면 어렵지 않은 시험 준비 … 139
20 :: '방학 건전지'로 충전하자 … 145
21 :: 패치워크가 아름답다 … 150

05 실천하는 습관을 만들어라

22 :: 계획한 대로 실천하기 … 159
23 :: 너에게는 참 좋은 습관이 있어 … 165
24 :: 함께 만드는 '공부 습관' … 170
25 :: 학습 환경부터 만들어라 … 176

06 피드백! 피드백! 피드백!

26 :: 지난 한 주 어땠니? … 185
27 :: 실패는 나쁜 게 아니란다 … 191
28 :: 이것 봐, 네가 해냈어! … 197

Epilogue | 이제부터가 시작이다 … 204

프롤로그 | 학습 코칭으로 깨우는 잠재력

대한민국에서 '사교육 공화국'이라는 말은 이제 더 이상 낯설지 않다. 최근 교육인적자원부 통계에 따르면 우리나라 사교육비 규모는 무려 20조 400억 원에 달한다. 5년 전에 비해 54%나 증가한 수치다. 또 초·중·고교생 10명 가운데 8명이 학원, 개인과외, 학습지 등 사교육을 받고 있는 것으로 나타났다.

과거에도 사교육은 존재했지만, 지금은 가히 심각한 수준이다. 학교 수업을 마치자마자 아이를 곧장 학원으로 보내야만 마음 편한 세상이다. 내 아이만 학원, 과외를 하지 않는다면 불안해 견딜 수 없다. 이런 이유로 초등학교 1학년부터 고등학교 3학년생까지 사교육으로부터 자유로운 아이는 거의 찾아볼 수 없게 됐다.

이렇게 지나친 사교육 열풍이 불어 닥치고 있는 이유는 우리나라가 '학벌 중심 사회'이기 때문이다. 영재교육원-특목고-명문대로 이어지는 엘리트 코스는 모든 부모의 꿈이자 열망이다. 그만큼 명문대 출신이 큰소리치는 세상이다. 또 자신이 이루지 못한 것을 자녀가 대신 이뤄주길 바라는 마음도 있다. 명문대 진학을 위해서는 적어도 특목고 정도는 가줘야 하고, 그러기 위해서는 초등학교, 중학교 때부터 '기초를 튼튼히 다져야' 하기 때문에 사교육이 반드시 필요하다는 것이다.

그러나 명문대 입학이 어디 그리 쉽던가. 그래서 초등학교에서 중학교, 고등학교로 진학할 때마다 부모의 꿈은 계속 바뀐다. 고3쯤 되면 이제 서울이나 수도권 지역의 4년제 대학만 가줘도 더없이 고맙다. 그 정도는 졸업해야만 번듯한 직장에 취업할 수 있는 것이 현실이기 때문이다. 하지만 수도권 4년제 대학 입학도 말처럼 쉽지 않다. 수 년 간의 치열한 경쟁에서 살아남는 자만이 갈 수 있다. 이것이 또 사교육을 끊을 수 없는 이유가 된다.

문제는 하루도 빠짐없이 학원, 과외, 학습지를 해서 과연 뜻한 대로 성적이 오르는가 하는 것이다. 고비용의 사교육에 부모 허리는 나날이 휘지만, 아이의 성적은 좀체 달라지지 않는다. 많은 부모들이 그 점에 대해 의문을 갖고 있다. 이 책을 읽고 있는 독자 역시 그 문제로 적잖은 고민을 했을 것이다.

그토록 열심히 학원에 다니고, 하루 네댓 시간씩 선행학습을 해도 내 아이의 성적이 오르지 않는 이유는 과연 무엇일까. 선뜻 결론 내리기 어려워 보이지만 사실 답은 명확하다. 아이는 전혀 공부하지 않았기 때문이다.

도대체 무슨 말이냐고 되묻고 싶을 것이다. 공부하지 않았다니? 믿고 싶지 않겠지만 말 그대로다. 많은 아이들이 학원에 다니며 최선을 다해 공부하는 것 같지만, 그것은 겉으로 보이는 모습일 뿐이다. 실제로는 전혀 공부하지 않았다고 해도 과언이 아니다.

이유는 두 가지다. 첫째는 자율학습 시간을 충분히 확보하지 않았기 때문이다. 아무리 양질의 정보를 많이 제공한다고 해도 아이가 그것을 이해하지 못하면 모두 허사다. 학교 수업 시간에 배운 내용만 완벽히 이해하고자 해도, 못해도 하루 두 세 시간은 필요하다. 그런데 복습에 시간을 투자하기는커녕 더 많은 강의를 듣는데 시간을 소모하고 있다. 그냥 흘려듣는 강의만 하루 열 시간 이상인 셈이다. 학교 수업에 대한 예·복습과, 정말 부족한 부분에 대한 자율학습을 소홀히 하고서는 결코 성적을 올릴 수 없다.

두 번째 이유는 자기 주도적으로 공부하지 않았기 때문이다. 자기주도형 학습이란 다른 사람의 강요가 아닌 자기 자신의 판단과 결정에 의해 공부하는 것을 말한다. 이것이야말로 진짜 공부라고 할 수 있다. 그러나 현실에서는 자기가 원해서 학원에 가고, 과외 수업을 받는 아이는 거의 없다고 해도 과언이 아닐 것이다. 대부분 부모의 판단과 강요에 의해 공부하고 있다. 취약 과목과 보충학습이 필요한 단원에 대한 판단도 부모와 교사의 몫이다. 공부시간과 휴식시간도 부모가 정해준다. 이런 방식의 공부는 결코 효과를 거둘 수 없다. 진정한 공부는 누가 시키지 않아도 스스로 필요에 의해 하는 공부다. 목표와 계획을 수립하고, 그것을 실행하는 것도 모두 자기 주도적으로 해야만 진짜 공부라고 할 수 있다. 자기주도학습이 시작되면 앞서 말한 자율학습 시간의 확보 역시 저절로 가능해진다.

성적이 높은 아이, 명문대에 입학한 아이들은 대부분 자기주도학습이 몸에 배어있다. 부모가 시켜서 억지로 하는 공부로는 단기간 효과를 볼 수 있을지언정, 장기적으로는 결코 원하는 목표를 이룰 수 없기 때문이다.

문제는 이런 자기주도학습을 어떻게 가능하게 하느냐는 것이다. 아이 스스로 공부하도록 하기 위해서는 스스로 공부하는 방법을 알려줘야 하는데, 과연 누가 어떻게 알려줄 것인가 하는 것이 관건이다. 이 지점에서 필요한 것이 바로 '학습 코칭' 이다.

학습 코칭이란 아이에게 목표와 동기를 부여하고 학습습관, 성적, 공부방법 등을 체계적으로 관리해주는 시스템을 말한다. 목표 설정을 통한 동기부여는 물론 과목별 공부계획, 전략적인 시간활용 등에 대해 아이와 함께 고민하고, 마침내 아이 스스로 결정할 수 있도록 돕는 것이다. 학습코치는 가족 중 누구라도 될 수 있으며, 필요하다면 전문적인 학습코치의 도움도 받을 수도 있다.

중요한 것은 이러한 학습 코칭의 중요성을 부모들이 명확히 인식해야 한다는 것이다. 자기주도학습의 체화가 중대한 과제라면, 그만큼 학습 코칭도 반드시 수반되어야 한다는 것이 나의 지론이다. 현재 대부분이 아이들이 올바른 학습 방법을 알지 못하는 상황에서 학습 코칭의 과정 없이 자기주도학습의 습관이 저절로 익혀지지는 않기 때문이다.

내가 자기주도형 학습에 대해 처음 관심을 갖기 시작한 것은 오래 전이었다. 당시 나는 교육 솔루션 및 콘텐츠 개발 사업에 뛰어 들어 (주)이엠정보교육원을 설립하고, 인터넷의 발전에 따라 급변하는 교육 환경을 몸으로 실감하고 있었다. 인터넷 보급이 '온라인 교육(e-learning)'이라는 교육의 혁신을 가져왔고, 그에 따라 교육 콘텐츠도 나날이 발전을 거듭하는 상황이었다. 현재 (주)이엠정보교육원은 축적된 콘텐츠 개발 기술을 바탕으로 유아부터 성인에 이르기까지 다양한 학습 콘텐츠를 활용할 수 있는 교육 사이트를 개발·운영하고 있다.

온라인 기반 학습은 수요자가 원하는 시간에 원하는 강의를 들을 수 있을 뿐 아니라 비용도 일반 학원에 비해 낮아 한마디로 '저비용 고효율' 교육이라 할 수 있다. 최근 사회적으로 문제가 심각한 고비용의 사교육을 해결할 수 있는 솔루션 역시 온라인 교육에서 찾아야 한다는 것이 나의 생각이다. 그런데 이 온라인 교육의 효율을 극대화하기 위해서는 한 가지 전제가 필요하다는 것을 깨달았다. 바로 스스로 학습하는 습관과 능력이다.

온라인 학습의 경우 강제성이 전혀 없기 때문에 학습 목표와 방법, 과정 등을 모두 학습자가 스스로 결정해야 한다. 자신의 결정에 따라 계획을 세우고 그 계획을 능동적으로 실행에 옮길 때에야 비로소 최상의 교육 효과를 얻을 수 있는 것이다.

사실 최근의 온라인 교육은 쌍방향 학습의 측면에서 오프라인 교육과 크게 다르지 않다. 일방적인 동영상 강의 제공에서 벗어나 학생 개개인에게 맞는 맞춤형 학습이 이뤄지고 있으며 플래시, 전자칠판, 웹문서, 문제풀이 등 다양한 멀티미디어 콘텐츠가 제공되고 있다. 여기에 더해 정기적인 학업성취도 평가와 그에 따른 교육자와의 의사소통도 가능하다.

이처럼 다양한 콘텐츠를 적극적으로 활용하고, 적절한 시간에 필요한 학습을 수행하기 위해 학생의 능동적인 학습태도는 더없이 중요하다. 바로 자기주도형 학습습관이다. 온라인 학습은 자기주도학습이 바탕이 되어야 가능하고, 자기주도학습 능력은 온라인 학습 과정을 통해 더욱 크게 길러진다. 서로 윈-윈 관계인 셈이다. 자기주도학습의 중요성은 앞서도 말했듯 성공적인 학습을 위해 반드시 필요하므로 초등학교 시절 또는 늦어도 중학교 때에 반드시 습관화해야 한다.

그런데 자기주도형 학습에 대한 잠재력은 모든 학생이 지니고 있지만 누군가 발현시켜 주지 않으면 스스로 찾기는 어렵다는 것이 교육 현장에서 내가 깨달은 사실이다. 여기서 출발한 것이 (주)이엠정보교육원의 '학습코칭 매니지먼트' 시스템이다. 인생의 조력자를 뜻하는 '코치'의 의미를 학습에 도입시킨 것이다.

학습코치는 학습자 내면의 잠재력을 이끌어내 학습의지를 높일 뿐 아니라, 능동적인 학습 태도를 키워나가도록 돕는 역할을 한다. '학습코칭 매니지먼트'는 총 3단계의 과정으로 운영된다. 먼저 학습유형검사를 통해 학생의 성향을 분석하고 그에 따른 실현 가능한 목표를 설정하도록 도와준다. 그 다음 체계적인 동기부여 프로그램에 따라 학습동기를 지속적으로 부여하고, 일일, 주간, 월간 계획표를 통해 시간관리 능력을 함양시킨다. 마지막으로 자신만의 학습전략과 그에 대한 실행, 피드백을 함께 한다. 이 과정에서는 미달성 목표의 원인 분석과 목표 재설정 등이 이뤄진다.

학습 코칭의 중요성은 여러 번 말해도 지나치지 않다. 이 과정을 통하면 능동적 학습에 대한 잠재력을 보다 쉽게 발현시킬 수 있기 때문이다. 인생 전반을 총괄하는 장기목표 설정은 학습동기 부여 측면에서 무엇보다 중요한데, 어린 학생의 경우 이 문제를 코치의 도움 없이 스스로 해결하기란 결코 쉽지 않기 때문이다. 그렇다고 해서 반드시 학습코칭 시스템을 이용해야 한다는 것이 아니다. 우리 아이들의 학습코치 역할은 아버지, 형, 누나 등 가족 중 누구라도 할 수 있다.

그 가운데서도 가장 가까이에 있는 어머니가 그 역할을 적절히 수행한다면 아이는 지금까지와는 전혀 다른 변화된 모습을 보일 수 있을 것이다. 시키지 않아도 자발적으로 공부하고, 그토록 원하는 성적 향상도 가능해질 것이다. 이것이 바로 이 책을 펴내게 된 가장 직접적인 이유라고 할 수 있다.

학습코치의 역할은 결코 어렵지 않다. 코칭은 아이 스스로 해답을 이끌어낼 수 있도록 아이의 말을 귀 기울여 들어주고, 질문하는 데서 시작한다. 아이의 가능성에 집중하고 항상 긍정적인 생각을 가질 수 있도록 도와주면 된다. 또한 구체적이고 실현가능한 목표를 갖도록 함으로써 학습에 대한 동기를 부여해 주는 것이다.

이런 과정을 통하면 특별한 사교육 없이도 바라는 만큼의 성적 향상을 이룰 수 있다고 나는 장담한다. 우리 아이들의 성적이 오르지 않는 이유는 부모가 관심을 기울이지 않아서가 아니라 올바른 공부 방법을 가르쳐주지 않았기 때문이다. 그리고 이렇게 된 데는 부모조차 제대로 된 학습이 무엇인지 몰랐다는 이유가 자리한다.

이제부터라도 공부를 잘 하기 위해 고액의 학원과 과외 학습이 반드시 필요하다는 생각을 버려야 한다. 물론 취약 과목에 대해서는 보충적인 강의가 필요할 때도 있다. 그러나 모든 과목을 다 사교육에 의존할 필요는 없다는 것이다. 그것도 아이 혼자 공부할 시간을 전혀 남겨주지 않고서 말이다. 그런 학습방법은 효과를 전혀 거둘 수 없다. 앞서도 말했듯 공부는 분명히 스스로 하는 것이기 때문이다.

언제까지 아이에게 "공부해라!"라는 강요를 반복할 것인가. 학습 코칭을 통해 자기주도학습의 습관이 몸에 배면 아이의 성적은 물론 가정의 모습까지도 바뀔 수 있다. 부모와 자녀의 관계, 가족 간의 관계가 '공부'라는 짐에서 벗어나 한층 풍요로워질 수 있다는 얘기다. 특히 초등학교 고학년부터 중학교시기에 자기주도학습의 습관을 들이지 않으면 이후 입시전쟁을 치러야 하는 고등학교 과정에서 큰 낭패를 볼 수 있다.

자기주도적인 학습습관은 단순히 성공적인 학습을 위해서만 필요한 것은 아니다. 인생 전체를 능동적이고 주도적으로 운영할 수 있는 기반이 되는 것이다. 모든 성공한 사람들은 뚜렷한 목표와 사명에 의해 계획적인 인생을 살았으며, 단 하루도 헛되이 보내지 않왔다. 자신의 인생을 책임있게 설계하고 운영하는 것이야말로 성공의 필수 요소인 것이다.

　부모의 작은 변화가 아이의 인생을 송두리째 바꿀 수 있다. 인생의 큰 틀을 아이 스스로 짤 수 있도록 지금 부모가 도와줘야 한다. 과연 어떻게 도와줄 것인가. 그 코칭의 기술을 이 책에 담았다. 아이의 장래와 보다 나은 교육방법에 대해 고민하고 있는 이 땅의 부모들에게 적절한 솔루션이 될 수 있기를 기대한다.

　마지막으로 책이 나오기까지 물심양면으로 도움을 아끼지 않은 (주)이엠정보교육원의 임직원 여러분께 깊은 감사의 뜻을 전한다.

― 2008년 여름

이강웅

추천사 | 학습코칭의 본질을 투명하게 밝힌 책

문 용 린 (서울대 교수, 전 교육부장관)

한국에서는 왜 이렇게 사교육이 극성을 부리는 것일까? 우리나라 사람들 전체가 사교육에 휩쓸려 쓰나미 같은 피해를 입고 있으면서도, 정작 이런 질문을 올곧게 제기하는 사람은 많지 않다. 이 책의 저자 이강욱 대표는 그런 점에서 특이한 사람이다. 남들이 제기하지 않는 질문을 제기했다는 점에서도 그렇고, 제기한 질문에 대한 책임이라도 지려는 듯 집요하게 이 주제에 태클을 건 사람이기 때문이다.

그가 이 책을 통해서 강력하게 주장하고자하는 논지는 아주 간단하다. 학교는 열심히 가르치기는 하되, 학습방법과 습관을 가르치는 데는 무관심하다. 그래서 학생과 학부모들은 학원을 찾아 성적 올릴 방도를 찾는다. 사교육 기관들은 이런 요구와 걱정을 알기에 학생들에게 학습하는 방법보다는 성적 올리는 일에 도 열중한다. 그래서 학원 등의 사교육에 맛을 들이면, 성적이 오르는 재미 때문에 사교육 의존도는 더욱 심화된다.

저자의 염려는 바로 여기서 시작된다. 사교육 기관에 다닐수록, 학생들은 성적을 오르게 하는 요령은 터득하지만, 그 요령은 자기주도적인 학습능력을 궤멸시키는 부작용을 안고 있다. 사교육 기관 즉 학원엘 많이 다닌 학생일수록 자기주도적인 학습능력이 저하되는 현상을 많이 목격해온 저자의 예리한 관찰이 이런 부작용을 잘 꿰뚫어 보고 있다.

그렇다면 저자는 이 책을 통해서 어떤 해결책을 내놓고 있는가? 멘토(mentor)와 자기주도적 학습(self-directed learning) 그리고 학습코칭(Coach for learning)의 세 개념이 교차하는 지점으로부터 해결책을 찾고 있다.

저자는 학습하는 방법의 학습(learn how to learn)을 대단히 강조한다. 그런데 이 'learn how to learn'은 그렇게 쉽게 깨우쳐 지는 것이 아니다. 이른바 멘토(Mentor)를 통해서 몸으로 체득되는 것이다. 아리스토텔레스가 마케도니아 왕의 요청을 받아들여 어린 시절의 알렉산더 대왕을 가르친 그런 멘토의 역할이 오늘날의 교육 현장에도 있어야하고 충분히 있을 수 있다고 저자는 확신한다.

그럼 멘토는 무엇을 하는가? 학생에게 자기 주도적인 학습을 할 수 있도록 모범을 보이고, 칭찬하고, 모니터링해주는 것이 바로 그가 할 일이다. 그럼 자기 주도적 학습은 어떻게 가르치는가? 학습 코칭이라는 대화기법과 대화과정을 통해서이다.

이렇게 간단명료하지만, 깊은 뜻을 지닌 학습전략을 저자는 심도 있게 전문적인 안목으로 소화 시켜서 이 책에 담아 놓았다. 그러나 결코 어렵지 않다. 그렇다고 아무 곳에서나 가볍게 펼쳐 놓고 막 읽을 수 있는 그런 책도 또한 아니다. 자녀의 학습방법에 문제가 있거나 고칠 점이 있다고 생각하는 부모가 진지하게 읽을 책이다. 많은 학부모와 교사들이 이 책을 읽어 자녀지도에 지혜를 얻기 바란다. 다시금 저자의 학습코칭에 대한 깊은 식견과 철학에 경의를 표하고자 한다.

— 서울대 연구실에서 以愚 문용린 識

추천사 | 부모 스스로 공부하는 모범을……

강 학 중 (가정경영연구소장, 가족학 박사)

연 20조 원이 넘는 막대한 돈을 써가면서, 초·중·고교생 10명 가운데 8명이 학원이나 개인과외, 학습지 등의 사교육을 받고 있지만 공부한 만큼의 효과를 못 거두고 있는 이유를 저자는 이렇게 얘기하고 있다.
"학생들이 전혀 공부하지 않았기 때문이다."
학교 끝나자마자 학원으로 달려가 밤 12시가 넘어야 들어오는 실정인데 무슨 소리냐고 할지 모르지만 시켜서 어쩔 수 없이 앉아 있는 수업은 진짜 공부가 아닌 것이다. 부모 역시 공부는 '시키는 것'이라고 생각하지만 마지못해 끌려 다니는 공부는 아이들의 심신만 지치게 할 뿐이다. 스스로 하는 공부가 진짜 공부이며 주도적으로 공부하는 습관을 길러 놓지 않으면 자신의 삶에서도 주인공이 되지 못하고 늘 의존적인 사람이 되기 쉽다.
'아이를 바꾸는 학습코칭론'은 언뜻 공부하는 방법이나 기술에 대해서 얘기하고 있는 것 같지만 자세히 들여다보면 인생을 어떻게 살아갈 것인가 하는 근본적인 물음과도 일치하는 부분이 많다.
비전과 목표를 수립하고 전략적인 계획을 수립하게 한 다음 경청과 칭찬, 인정, 그리고 생각을 열어주는 질문으로 스스로 공부하는 습관이 몸에 배게 하는 지혜는 사실 자녀만이 아니라 부모 스스로 먼저 배워야 할 덕목이다. 자녀들에게 '너는 어떤 사람이냐'고 되묻기 전에 부모부터 진정 내가 어떤 부모인지, 나의 꿈은 무엇인지, 그리고 내 꿈과 비전을 실천하기 위해 우선순위는 어디에 두고 시간관리를 어떻게 해야 할지, 고민하고 노력하는 자세를 보인다면 자식농사에서도 풍성한 결실을 맺을 수 있으리라고 믿는다.

— 강학중

Education Coaching Manual

01
학습코칭의 힘

서울 강남 지역 그것도 이른바 교육특구라는 대치동의 경우,

중학생이 하루 네댓 개의 학원 수업을 받는 것은 그리 특별한 일도 아니다.

특수목적고등학교 진학을 목표로 고등학교에나 가서 배워야 할

'수학의 정석' 과 대학생도 어렵다는 '토플' 을 공부하는 학생도 부지기수다.

비단 사교육 뿐 아니다. 부모는 최상위권 학생의 공부비법을 내 아이에게

전수시키고자 갖은 방법을 총동원한다.

시중에 나와 있는 학습법 책을 모두 섭렵하는가 하면,

명문대 합격생의 수기를 참고해 공부 방법을 바꾸기도 한다.

그러나 이 모든 노력이 기대한 만큼의 결과를 보여주지 않을 때는

허탈하기 그지없다. 도대체 이유가 뭘까.

>>>> Education Coaching Manual_chapter 01

01 학습코칭으로 시작하자

중학교 3학년인 경수는 요즘 심각한 고민에 빠졌다. 2학년 때만 해도 공부하는 만큼 점수가 제법 잘 나왔는데 올해는 이상하게 시험만 치렀다 하면 기대 이하다. 본인도 공부 욕심이 많은 편이지만, 부모님은 경수가 더 노력해 반드시 특목고에 진학하길 바라고 있다. 그런데 이런 식으로 하다가는 조만간 반에서 중위권으로 떨어질 것만 같아 불안하기 짝이 없다.

사실 경수는 같은 반 친구들에 비해 학원과 과외를 많이 하는 편이다. 학교 수업이 끝나면 곧장 학원에 갔다가 열 시가 넘어서야 집에 돌아온다. 강의 대부분이 선행학습이다. 그 중에서노 영어는 얼마 전부터 토플강의를 듣고 있다. 수학도 고등학교 과정을 미리 배운다. 집에 돌아와서는 학교에서 배운 교과내용을 복습하기 보다는 학원 숙제에 대부분의 시간을 투자하고 있다.

성적이 점차 떨어지고 있는 경수에 비해 같은 반 재영이는 이번 중간고사 평균 점수가 지난해에 비해 12점이나 올랐다. 재영이는 경수와 달리 학원에 전혀 다니지 않는다. 그렇다고 과외를 하는 것도 아니어서 누가 보더라도 공부를 열심히 하는 학생은 아니다. 집에서도 특별한 예습 없이 그날 학교에서 배운 내용을 한 차례 복습하고 일찍 잠든다. 다만 재영이가 반 친구들과 다른 점이 있다면, 학교를 마치고 집에 돌아오면 어머니와 이런저런 이야기를 많이 나눈다는 것이다. 어머니는 주로 재영이의 이야기를 들어주고, 재영이는 그날 있었던 일과 저녁에 해야 할 일 등을 이야기한다. 때로는 인생의 목표에 대해 진지하고 솔직한 대화를 나누기도 한다.

두 학생의 사례는 일반적인 기준에서 보자면 잘 납득이 되지 않는 이야기다. 많이 가르치는 만큼 성적이 쑥쑥 오르는 것이 당연한데, 학원을 전혀 다니지 않는 학생보다 오히려 성과가 적다는 것은 말이 되지 않는다. 그럼에도 불구하고 이것은 실제 이야기다.

많이 가르치는 것만이 능사는 아니다

현재 대한민국에는 엄청난 규모의 사교육 시장이 형성되어 있다. 그것은 그만큼 많은 학생들이 사교육에 의지하고 있다는 것을 의미한다. 물론 학생들 자신이 원해서 학원에 다니는 경우는 극히 드물다. 대부분 부모가 자녀의 성적 향상을 목표로 학원 수강과 과외를 주도한다. 그러나 문제는 적잖은 수의 학생들이 사교육을 통해 바라던 만큼의 결과를 얻지 못하고 있다는 것이다. 성적이 오르기는커녕 시간이 흐를수록 오히려 공부에 흥미를 잃기도 한다.

서울 강남 지역 그것도 이른바 교육특구라는 대치동의 경우, 중학생이 하루 네댓 개의 학원 수업을 받는 것은 그리 특별한 일도 아니다. 특수목적고등학교 진학을 목표로 고등학교에나 가서 배워야 할 '수학의 정석'과 대학생도 어렵다는 '토플'을 공부하는 학생도 부지기수다. 비단 사교육 뿐 아니다. 부모는 최상위권 학생의 공부비법을 내 아이에게 전수시키고자 갖은 방법을 총동원한다. 시중에 나와 있는 학습법 책을 모두 섭렵하는가 하면, 명문대 합격생의 수기를 참고해 공부 방법을 바꾸기도 한다. 그러나 이 모든 노력이 기대한 만큼의 결과를 보여주지 않을 때는 허탈하기 그지 없다. 도대체 이유가 뭘까.

한 마디로 말해 '그 아이들은 공부하지 않았기 때문'이다. 겉으로는 열심히 하는 듯 보이지만 실제 안을 들여다보면 이들이 하는 공부는 진정한 공부가 아닌 것이다. 사실 혼자 공부하는 방법 자체를 모른다고 말하는 것이 옳을 것이다. 흔히 공교육이 주입식, 암기식 교육이어서 사교육 시장에 몰려들 수밖에 없다고 하지만 현재 사교육 역시 비슷한 양상이다. 수시로 변하는 입시제도 하에서 요약문제집 등으로 중무장한 학원들이 부모의 불안한 마음을 한껏 유혹한다. 물론 특별히 부진한 과목에 대해 사교육이 필요한 경우도 있지만, 많은 학생들이 딱히 필요하지 않은 과목의 강의까지도 하루에 몇 시간씩 듣고 있는 것은 이런 이유다.

결과적으로 아이들은 도대체 공부를 왜 해야 하는지, 실력을 키워 장차 어떤 일을 하면 좋을지 알지도 못하는 채 다만 부모가 이끄는 대로 이리저리 끌려 다니고 있다. 목표는 오직 하나 대학 입시에 성공하는 것이다. 만약 왜 공부해야 하는지 묻는 아이가 있다면 부모는 한 가지 대답을 준비할 뿐이다.

'일단 대학만 들어가면 돼!'

과연 그럴까. 대학에 들어가기만 하면 모든 게 다 이루어지는 것일까. 십대 중학생은 물론 어린 초등학생조차 의문을 가질 일이다. 이런 근본적인 질문에 답을 주지 못한다면 내 아이는 진정한 공부를 할 수 없다. 왜 성적이 나쁘냐는 질책만으로는 아이를 책상에 앉힐 수 없다. 만약 억지로 앉게 한다 해도 아이는 금세 딴 생각에 빠질 게 분명하다.

아무런 목적도 이유도 없는 공부는 진짜 공부가 아니다. 백날 시간을 투자해 봐야 헛공부인 것이다. 남이 시켜서 하는 공부, 복습 없이 일방적인 강의만으로 끝나는 공부도 모두 마찬가지다. 이제 부모가 먼저 깨달아야 한다. 많이 가르치는 것만이 능사가 아니라는 것을. 가기 싫다는 아이를 학원 앞으로 보내기보다는 아이가 왜 공부해야 하고, 무엇을 어떻게 해야 하는지 먼저 알려줄 필요가 있다. 보다 원대한 목표, 공부에 대한 당위성, 자신에게 맞는 공부 방법을 스스로 깨닫도록 해야 한다. 다시 말해 가르침(teaching)에서 진정한 배움(learning)으로 전환해야 하는 것이다. 그리고 이것이야말로 자기주도형 학습의 시작이다.

학습코칭으로 자기주도력 키워라

다시 경수와 재영이의 이야기로 돌아가 보자. 두 학생의 차이는 '자기주도력'의 있고 없음이다. 재영이처럼 특별히 학원을 다니지 않아도 자기주도력이 있는 학생은 자신이 공부할 내용을 스스로 찾는 방법을 알고 있다. 공부 계획도 남이 아닌 자신이 세운다. 때문에 책임감있게 자기 시간을 관리한다. 또 학원 강의와 숙제로 시간을 빼앗기는 대신에 학교에서 배운 교과 내용을 충실히 복습한다.

이 학생이 이렇게 할 수 있는 이유는 학생의 어머니에게서 찾을 수 있다. 재영이 어머니는 먼저 아이가 스스로 공부할 수 있도록 동기를 부여하는 데 초점을 뒀다고 한다. 중학생이라는 어린 나이지만 장차 자신이 하고 싶은 일을 먼저 생각해 보게 하고, 그 일을 하기 위해서 지금 현재 준비해야 할 일을 스스로 고민하게 한 것이다. 재영이 경우 동시통역사가 되는 것이 꿈이었고, 그 꿈을 이루기 위해서는 외고에 진학해야 하는 당면 과제가 있었다.

이렇게 분명한 동기를 갖게 되자 그 다음은 일사천리였다. 한 달 계획을 세우고, 매일 시간을 관리하는 것까지 누가 시키지 않아도 아이는 스스로 해나갔다. 성적이 오르는 것은 당연지사였다.

이처럼 아이가 스스로 공부하기 위해 반드시 필요한 것이 자기주도력인데, 이것은 저절로 갖춰지는 것이 아니다. 목표와 동기를 부여하고, 올바른 학습습관과 방법, 시간 등을 체크해 주는 시스템이 필요하다. 이것이 바로 '학습코칭 매니지먼트'다.

'학습코칭 매니지먼트'는 다시 말해 학생의 자기주도력을 향상시키기 위해 정신지도, 학습습관, 공부방법, 성적, 공부환경 등을 모두 **관리해주는** 시스템을 말한다. 목표 설정을 통한 동기부여는 물론 전략적인 **시간활용 방법**, 과목별 공부계획 등을 함께 고민하고 관리한다. 여기서 학습코치는 가족 누구라도 될 수 있다. 특히 가장 가까이에 있는 어머니가 **학습코치**의 역할을 적절히 해 준다면, 학원이나 과외로는 기대하기 어려운 **훌륭**

한 결과를 얻을 수 있다. 이것이 불가능하다면 전문적으로 학습코칭 매니지먼트를 수행하는 기관에 맡기는 것도 좋은 방법이다.

학습코치는 학습과 직접적으로 관련된 내용만 코칭하는 것이 아니다. 아이 내면의 고민에 귀 기울이고, 긍정적인 사고를 가질 수 있도록 항상 옆에서 조언한다. 칭찬과 따뜻한 독려를 통해 잠재력을 이끌어내고 적극성, 열정, 성실함 등을 갖추도록 돕는다. 이것은 모두 학습코치와 학생 간의 긴밀한 교감을 바탕으로 한다. 이런 과정을 거치며 아이는 마침내 잠재된 가능성을 현실로 바꾸는 것이다.

내 아이를 공부 잘하게 하고 싶은가. 그렇다면 가장 먼저 학습코칭을 통해 자기주도력을 키워주어라. 아이 스스로 필요에 의해 공부할 수 있도록 만들어 줘야 한다. 특히 초등학교 고학년부터 중학생까지인 10세부터 16세 사이에 자기주도력을 완벽하게 갖출 수 있도록 해야 한다. 이 시기를 놓치면 늦는다. 급변하는 교육환경에 능동적으로 대처하려면 자발적인 학습은 필수이기 때문이다. 자기주도력을 길러주는 학습코칭, 지금 바로 시작해야 한다.

02 귀 기울이고, 질문하라

'모든 사람에게는 무한한 가능성이 있다.'

내 아이를 학습코칭할 때 반드시 명심해야 할 기본 철학이다. 이 말은 얼핏 누구나 공감하는 말인 듯하지만, 실제로 이에 전적으로 동의하고 현실에 접목시키는 사람은 흔치 않다. 다른 사람의 가능성을 쉽게 무시하는가 하면, 심지어 자신의 잠재력도 외면한다. 이는 가족 구성원 사이에서도 흔히 있는 일이다. 때문에 부모의 학습코칭이 제대로 힘을 발휘하기 위해서는 먼저 아이의 가능성에 집중해야 한다.

'그 사람에게 필요한 해답은 모두 그 사람 내부에 있다.'

코칭의 두 번째 철학이다. 힘들고 어려울 때 누군가의 도움이 절실히 필요하게 느껴지지만, 다시 한번 생각해 보면 해답은 자신이 갖고 있다는 뜻이다. 우리 아이들 역시 마찬가지다. 공부하기 싫고 틈만 나면 게임을 하고 싶어 하는 것처럼 보이지만, 그런 행동이 바람직하지 않다는 사실은 아이 자신도 잘 알고 있다. 또한 시험이나 어려운 문제와 맞닥뜨렸을 때 과연 어떤 행동을 취해야 옳을지는 그 문제의 장본인인 아이가 더 잘 알고 있는 것이다.

'해답을 찾기 위해서는 파트너가 필요하다.'

코칭의 기본 철학 중 마지막 명제다. 해답이 자기 안에 있되, 그것을 찾는 일에는 반드시 누군가의 조력이 필요하다는 얘기다. 학습코칭이 일반적인 상담이나 컨설팅과 다른 점은 여기서 찾을 수 있다. 내 아이가 문제의 해답을 스스로 얻기 위해서는 부모의 역할이 반드시 필요한데, 그것이 상담이나 컨설팅처럼 일방적이어서는 안 된다는 것이다.

학습코칭에서 부모는 철저히 파트너 입장이어야 한다. 학업성과, 학교생활, 교우관계 등 아이가 고민하는 문제에 대한 답을 직접적으로 제시하려 해서는 안 된다. 그 대신 아이가 스스로 생각할 수 있도록 자극하는 것이 필요하다. 아이가 마음을 열고, 자기 안에서 해답을 끌어낼 수 있도록 돕는 든든한 조력자가 되어야 한다. 그런데 과연 어떻게 하는 것이 파트너로써의 올바른 역할일까?

마음을 열고 귀를 열어라

'이청득심以聽得心'이라는 말이 있다.

귀 기울여 경청함으로써 사람의 마음을 얻는다는 뜻이다.

내 아이를 제대로 코칭하기 위해서는 우선 아이의 마음을 열고, 그 마음을 얻어야 한다. 그래야만 아이와 한 뜻으로 성공적인 미래를 계획할 수 있다. 그런데 그 마음을 여는 일이 바로 '귀 기울여 듣는 것'으로 가능하다는 것이다.

"우리 부모님은 내 말은 들으려고 하지도 않아요. 그저 잔소리뿐이지요."

"엄마는 내 얘기에는 관심도 없잖아!"

한창 성장기 아이들이 흔히 하는 말이다. 그만큼 보통 평범한 부모들은 아이의 이야기를 들어 주는 일에 인색하다. 아이가 자기 뜻을 말하면, 그 말을 들어주기는커녕 오히려 어른에게 대든다며 꾸중하기 일쑤다. 그러나 아이의 생각과 고민을 알고, 스스로 공부하게끔 길을 열어주기 위해서는 경청이라는 과정이 반드시 필요하다.

그런데 듣는 것에도 다양한 단계가 있다. 자기중심적으로 듣는 단계, 타인 중심적으로 듣는 단계 그리고 직관적으로 듣는 단계가 그것이다. 아이가 계획한대로 공부하지 못한 이유를 설명할 때 속으로 '네가 변명해봤자 소용없어!'라고 생각하며 듣는다면 그것은 자기중심적으로 듣는 단계라고 할 수 있다. 아이의 이야기를 들을 때 부모의 필요와 관점에만 머물러 있기 때문이다.

한 단계 나아가 타인 중심적으로 듣는 단계는 '과연 무엇이 내 아이를 힘들게 했을까!'라는 생각으로 아이의 이야기에 귀 기울이는 것이다. 이렇게 들어주면 아이는 부모의 관심과 공감하고자 하는 의지를 느끼고 마음의 문을 활짝 열게 된다. 이밖에 직관적으로 듣는 단계는 영적인 의미를 생각하며 듣는 단계로, 경청의 최종 단계라 할 수 있다.

때문에 올바른 경청을 하려면 다음과 같은 몇 가지 원칙을 지킬 필요가 있다.

첫째, 공감해야 한다. 아이가 말하는 것을 듣고 있다고 해서 모두가 '경청'에 해당하는 것은 아니다. 대화를 시작하기에 앞서 아이에 대해 갖고 있는 선입견, 충고하고자 하는 생각들은 모두 저 멀리 날려버려야 한다. 무조건 들어주는 자세가 필요하다.

둘째, 아이를 인정해야 한다. 아직 어린 나이라고 해도 엄연히 하나의 인격체라는 사실을 잊지 말아야 한다. 또한 아이의 존재 그대로를 소중하게 인식하고 존중할 필요가 있다.

셋째, 말하는 것을 절제해야 한다. 누구나 상대의 말을 듣고 있다 보면 거기에 덧붙이거나 자신이 알고 있는 새로운 사실을 말하고자 하는 욕구를 느끼게 된다. 때문에 아이가 조금이라도 뜻에 거슬리는 말을 하면, 잠시도 참지 못하고 아이 말을 가로막는 부모가 적지 않다. 그러나 아이의 말을 한번 가로막으면 그만큼 아이는 마음의 문을 닫아버린다.

넷째, 온몸으로 반응해야 한다. 올바른 경청은 귀로만 듣는 것이 아니다. 아이와 눈을 맞추고, 동의의 손짓을 해야 한다. 그 말에 공감하고 있다는 것을 온몸으로 보여줘야 하는 것이다.

잘 듣는다는 것은 상대의 마음 상태를 파악하고, 그 마음을 열어주는 것이다. 올바른 경청이야말로 내 아이의 마음 상태를 헤아리고, 자발적으로 계획하고 실행하도록 만드는 가장 첫 단추다.

생각을 열어주는 기술, 질문

내 아이의 말을 잘 들어주기 위해서는 올바른 경청의 자세보다 선행되어야 할 것이 있다. 바로 '질문하기'다. 먼저 질문을 던진 후에 그에 대한 대답을 경청해야 하기 때문이다.

그런데 자녀에 대한 학습코칭에서 질문은 단순히 묻는 것을 의미하지 않는다. 여기서 질문은 한 마디로 '생각을 열어주는 기술'이다. 다시 말해 아이가 스스로 문제를 인식하거나 발견하게 하고 해결방법을 찾을 수 있도록 도와주는 방법인 것이다.

아주 단순한 예로, 학교에서 돌아온 아이에게 "얼른 씻고 밥 먹어라!"라고 말하는 것과 "이제 뭘 하고 싶니?"라고 묻는 것에는 큰 차이가 있다. 전자의 경우 아이는 아무런 고민 없이 부모가 시키는 대로 움직이는 수동적인 인간에 머물 것이고, 후자는 그와 반대로 자신의 계획을 스스로 고민하고 설계하는 능동적인 인간으로 성장할 수 있게 된다.

적절한 질문은 아이의 능동적인 성향을 계발시키는 역할을 할 뿐 아니라, 스스로 책임감을 갖게 해 준다. "이제 뭘 하고 싶니?"라고 물었을 때 아이가 "잠깐 쉬면서 TV 본 후에, 오늘 배운 내용 복습할게요."라고 말했다면, 그 아이는 자신의 결정에 책임을 지겠다는 생각을 갖게 된다. 때문에 게으름을 피우거나 꾀부리지 않고 계획대로 실행에 옮기게 된다.

그렇다면 어떤 질문이 좋은 질문일까? 흔히 질문이라고 하면 '왜(why)'로 시작하는 문장을 생각한다. 그러나 '왜'로 시작하는 질문치고 상대에게 호감을 주는 질문은 없다. 아이들에게 "왜 계획대로 공부하지 않았니?"라고 질문하면, 아이는 우선 자기방어적이 되고 머릿속에 갖가지

변명을 먼저 떠올리게 된다. 부모가 자신을 책망하기 위해 질문하는 것이라고 생각하기 때문이다. 그러므로 아이에게 질문할 때는 '왜(why)' 보다는 '어떻게(how)'로 질문해야 한다. 어떤 과정을 거쳐 어떻게 실행할 것인지 아이 스스로 생각할 수 있도록 하는 것이다.

이밖에 좋은 질문은 이해하기 쉽고, 생각하게 만들며, 진실한 내용을 담고 있어야 한다. 또한 간단명료하며, 핵심에 접근하는 내용이어야 한다.

질문에도 단계가 있다. 먼저 목표를 정하고, 현실을 파악한 후, 방법을 결정하고, 실천의지를 확인하는 것이다.

예를 들어 "이번 달에는 영어 과목의 어떤 단원을 마스터하고 싶니?"라는 질문은 목표를 정하는 것이다. 아이가 대답을 하면, 그 다음에는 "현재 그 단원에 대해 어느 정도까지 이해하고 있니?"라는 질문이 필요하다. 방법을 결정하는 단계에서는 "엄마가 도와줄 부분이 있니?"라고 물어볼 수 있고, 마지막으로 "자, 그럼 언제부터 공부를 시작하면 좋을까?"라는 질문으로 아이의 실천의지를 재차 확인할 수 있다. 이런 과정을 통해 아이는 스스로 배움에 흥미를 갖고, 자기 목표를 향해 매진할 수 있게 된다.

학습코칭은 어려운 것이 아니다. 아이의 말에 귀 기울이고, 질문하라. 듣는 것은 마음을 여는 기술이고, 질문하는 것은 생각의 길을 여는 기술이다. 아이가 마음을 열고, 생각의 길을 여는 순간, 아이의 미래를 바꾸는 자발적 학습은 저절로 가능해진다.

03 가능성을 현실로 만드는 학습코칭

내년이면 중학교에 갈 나이인데, 또래 아이들에 비해 학습능력이 부족한 것 같아요. 자기 관리도 잘 못하는 것 같고요. 혹시 우리 아이가 학습부진아가 아닌지 걱정스럽기만 합니다.

초등학교 6학년인 유경이를 바라보는 어머니의 마음은 항상 불안하다. 평상시에도 학교에서 배운 교과 내용을 잘 이해하지 못하는 편인데다, 시험만 보면 공부한 것에 비해 결과가 만족스럽지 못하다는 것이다.

사실 유경이의 학교 성적이 그리 나쁜 것은 아니다. 반에서 중간 정도 실력이며, 항상 꾸준히 노력하는 성격이다. 다만 수업시간에 들은 내용을 빨리 이해하지 못해 다시 한번 차근차근 설명을 해줘야만 알아듣는 편이다. 또 다른 친구들에 비해 공부양이 많아도 막상 시험에서는 제 실력을 발휘하지 못하고 있다. 이런 이유들로 유경이 어머니는 아이의 학습에 대해 항상 불안해하고 만족하지 못하고 있는 것이다.

어머니의 불안과 달리 유경이는 학습능력이 부진한 아이가 절대 아니다. 내가 본 유경이는 호기심이 많고 탐구력도 꽤 있는 편이었다. 배운 내용에 대해서 의문을 많이 갖는데, 이것은 단순히 암기하기 보다는 좀 더 명확하게 이해하고 넘어가려는 성향을 지녔기 때문이다. 또한 어머니의 욕심에 못 미쳐서 그렇지 조금씩 꾸준히 향상되는 면모를 보이고 있다. 문제는 유경이가 시험지만 받아 들면 몹시 긴장한다는 것인데, 원인은 아이가 아닌 어머니에게 있었다.

유경이 어머니는 아이에게 늘 "잘 할 수 있겠니? 너만 보면 걱정이다.", "왜 다른 애들처럼 못하니? 공부하기는 한 거야?" 등의 말을 자주 하는 편이었는데 이런 말들이 아이를 의기소침하게 만든 것이다. 이런 일이 반복되자 아이는 점차 자신감을 상실해 결정적인 순간에 역량을 충분히 발휘하지 못하게 되고 말았다. 유경이는 "나도 잘 할 수 있는데 엄마가 날 믿어주지 않아서 서운하고 문제도 어렵게 느껴진다."고 말한다. 가장 가까운 어머니가 아이의 잠재력을 믿지 않았기 때문에 아이 역시 자신의 가능성을 스스로 불신하게 된 것이다.

무조건 믿어라

하버드 대학의 로버트 로젠달 교수가 아이 잠재력과 관련해 벌인 실험은 놀라운 결과를 보여준다. 유치원부터 초등학교 5학년까지의 아이들에게 IQ 테스트를 한 후 이들 중 20%의 아이를 무작위로 뽑아 해당 반 담임

교사에게 리스트를 전달했다. 그리고 검사 결과는 알려주지 않은 채 이 아이들의 지능지수가 매우 높아 특별관리가 필요하다고 말했다. 리스트에 적힌 아이들을 따로 불러 칭찬하는 것도 잊지 않았다. 그 결과 어떠한 일이 벌어졌을까.

1년 후, 같은 아이들을 불러 IQ 검사를 다시 실시했을 때 놀랍게도 리스트에 적힌 아이들은 이전에 비해 지능지수가 월등히 높아졌다. 적게는 15점, 많게는 27점까지 상승한 경우도 있었다.

이 실험이 시사하는 바는, 누구나 갖고 있는 잠재력과 가능성을 밖으로 끌어내는 것은 바로 '무조건적인 믿음'이라는 것이다. 실험에서 선택된 아이들은 1년 동안 교사의 믿음과 기대 속에 생활했을 것이 틀림없다. 교사는 작은 말 한 마디도 이전과는 다르게 하고, 따뜻하고 기대에 찬 눈빛으로 아이들을 대했을 것이다. 물론 아이 스스로도 항상 자신감 있게 행동했을 것이 분명하다. 그 결과 아이들은 그동안 내재되어 있던 잠재력을 발현시킬 수 있었던 것이다.

실험에서 교사의 믿음과 기대가 아이들을 이렇게 크게 변화시켰다면, 같은 상황을 부모의 교육에 접목시켜 볼 수 있다. 자녀를 신뢰하는 부모와 그렇지 않은 부모는 말 한 마디 건네는 것부터 다르다. "네가 하는 일이 늘 그렇지.", "뭐 하나 잘 하는 게 있어야지." 등의 말은 아이의 잠재력을 아예 무시하는 발언이다. 이 경우 아이는 부모가 자신을 믿어주지 않을 뿐 아니라 아무런 기대도 없다고 여길 수밖에 없다. 이런 상황이 계속 반복되면 마침내 아이는 노력이라는 단어 자체를 잊어버리게 될 것이고, 결과는 불을 보듯 뻔하다.

반대로 부모가 아이에 대해 무조건적인 신뢰와 지지를 보여준다면 전혀 다른 결과를 얻을 수 있다. 아이의 발달 속도는 저마다 다르고 부모가 원하는 것과 자녀의 재능이 같을 수도 없다.

이런 경우 아이를 불신하거나, 원하는 방향으로 움직이지 않는다고 책망하는 대신 아이 내면의 무한한 잠재력을 믿어야 한다. 어떤 순간에도 "너는 네가 원하는 것이라면 무엇이든 할 수 있단다."라고 말해 줄 필요가 있다. 부모의 변함없는 지지와 격려를 인식하는 순간 아이는 자신도 몰랐던 능력을 발휘하게 된다.

'피그말리온 효과'라는 것이 있다. 그리스 신화에서 유래한 이 말은 일명 '자기충족적 예언'이라고도 한다. 조각가였던 피그말리온은 아름다운 여인상을 조각하고, 매일 그 여인상을 바라보다가 결국 진심으로 사랑하게 된다. 여신 아프로디테는 그의 사랑에 감동해 조각상에게 인간의 생명을 불어 넣어 주었다. 이처럼 타인의 기대와 관심으로 인해 능률이 오르거나 결과가 좋아지는 것을 교육심리학에서는 '피그말리온 효과'라고 한다.

사람은 누구나 자신을 존중하며 자신에게 기대하는 것이 있으면 기대에 부응하는 쪽으로 변하고자 노력하고, 마침내 그렇게 된다. 이것은 어른 아이를 막론하고 누구에게나 통용되는 이론이다.

특히 한참 성장하는 청소년기에 부모의 믿음과 기대만큼 훌륭한 성장촉진제는 없다. 내 아이를 무조건 믿어라. '잘했다'는 칭찬보다 앞서야 할 것이 '잘 할 것'이라는 믿음이다. 아이에게 보내는 부모의 조건 없는 믿음은 감춰진 잠재력을 꽃 피우는 가장 순도 높은 자양분이다.

인간의 잠재력은 무한하다

인간은 무궁무진한 가치를 지닌 존재다. 인간이 가진 능력이 과연 얼마나 되는가 하는 것은 실로 파악하기 어려우며, 거의 무한하다고 하는 것이 옳을 것이다. 단순히 학업능력 뿐 아니라 다양한 예술적 재능과 감성을 표현할 수 있는 능력도 무한히 갖고 있다. 그러나 수많은 이들이 자신의 이러한 가능성을 발견하지 못한 채 수동적으로 살아가고 있다. 이유는 그럴 만한 기회를 얻지 못했기 때문이다.

현재 우리나라의 일반적인 교육환경은 개개인의 잠재력을 발현시킬 수 있는 기회를 충분히 제공하지 않는다고 볼 수 있다. 무한경쟁사회에서의 성공을 명목으로 아이들에게 날마다 입시에 대한 부담만 가중시키고 있는 것이 어쩔 수 없는 교육현실이다. 자녀의 잠재력과 가능성을 발견하고 이를 키워주는 부모의 역할이 중요한 것은 바로 이 때문이다.

최근 언론을 통해 잘 알려진 리틀 아인슈타인 남매, 쇼와 사유리. 이들은 각각 아홉 살과 열 살이라는 어린 나이에 미국 명문대에 입학해 세간의 주목을 받았다. 이들이 최연소 대학생이 된 것보다 더 놀라운 사실은 둘 다 정규 학교에 다니지 않고 홈스쿨링으로 학습했다는 것이다.

그럼에도 불구하고 남매는 사회성, 지적능력, 사고능력 등이 또래 아이들보다 월등히 우수하다는 평가를 받았다고 한다. 무엇이 이런 결과를 가능하게 했을까?

바로 쇼와 사유리의 어머니인 진경혜 씨에게서 그 해답을 찾을 수 있다. 진 씨는 자신의 교육철학을 담은 책에서 '아이들을 천재로 키운 것은 특이한 교육 비법이 아니라, 아이들의 잠재력을 이끌어내는 교육법'이라고 말하고 있다. 그녀가 실천한 것은 아이의 장점을 살리고 단점을 보완하는 것, 호기심을 키워주는 것, 배움에 대한 확신을 갖게 하는 것 등이었다. 이야 말로 최고의 학습코칭인 것이며, 이러한 방법들이 결국 아이 스스로 자기주도학습을 하도록 이끌었던 것이다.

쇼와 사유리 남매의 예에서 보듯 부모의 작은 관심만으로도 아이의 잠재력은 무한히 성장할 수 있다. 아이들의 어머니가 말했듯 특별한 교육비법이 필요한 것도 아니다. 아이를 믿고, 관심을 기울이고, 장점을 최대한 살려준다는 기본적인 교육철학을 실천했을 뿐이다. 에디슨이 세계 최고의 과학자가 된 배경에 그를 전적으로 믿고 지지해 준 어머니가 있었다는 것은 이제 널리 알려진 사실이다. 누구나 에디슨의 어머니가 될 수 있다. 어려운 일이 결코 아니다. 내 아이에게 자신의 잠재력, 재능, 배움, 장점 등에 대한 확신을 주면 그것으로 충분하다. 그것이야말로 내 아이의 가능성을 현실로 만드는 최고의 비법인 것이다.

쇼와 사유리 만 아홉 살에 대학에 입학, 미국의 최연소 대학생이 된 한국계 천재 소년으로 현재 시카고 로욜라 대학 생물학과 2학년인 쇼 야노 군은 USA 투데이, 시카고 트리뷴 등 미국의 주요 언론에서 '캠퍼스의 리틀 아인슈타인'으로 소개되면서 세계적으로 주목받고 있다. 그는 여덟 살 때 미국의 대학 수능 시험격인 SAT에서 1,500점(1,600점 만점)을 얻었고, 만 아홉 살이던 지난해 8월 로욜라 대학에 전액 장학생으로 입학하였다. 대학에서도 평점 3.97(4.0 만점)을 얻는 등 무난한 대학 생활을 하고 있어 주위를 놀라게 하고 있다. 태권도, 수영, 농구 등을 즐기며 친구들과 노는 것을 즐기는 '평범한' 소년이다.

쇼의 친누이인 사유리까지 어린 나이에 대학에 입학하며 전 세계적인 관심을 받고 있다. 사유리의 에세이는 뉴스 위크지에 실리기도 했다. 두 아이는 일찍부터 의과학자의 길을 걸으면서 환자 진료와 연구를 병행하고 싶다는 꿈을 가지고 있다.

04 행운을 부르는 긍정적인 생각

"전 아무래도 머리가 나쁜 것 같아요."

당시 중학교 1학년이었던 지영이는 첫 대면에서 대뜸 이렇게 말했다. 학습코칭 시스템을 운영하며 이런 아이들을 많이 만나지만 나는 그때마다 매번 놀란다. 아직 어린 학생이 도대체 왜 이런 생각을 하는 걸까.

초등학교 때는 선생님이 하라는 것만 하면 아무 문제가 없었는데, 지금은 학교에서 하라는 공부만 해서는 안 된대요. 그런데 저는 뭘 해야 할지 도대체 모르겠는 걸요. 게다가 시험공부도 굉장히 열심히 하는데 성적이 늘 바닥이에요. 어떻게 하지요?

지영이가 안고 있는 문제 중 먼저 눈에 띄는 것은 공부 방법을 잘 모른다는 것이다. 초등학교와 중학교의 차이점을 아직 극복하지 못하는 것도 있다. 하지만 그보다 더 시급한 것이 있었다. 바로 부정적인 생각이다.

"머리가 안 좋다고? 정말 그렇게 생각하니?"

다시 진지하게 묻자, 지영이는 대답을 못하고 고개를 떨구었다. 사실 자신도 인정하고 싶지 않은 것이다.

내가 이 아이에게 들려 준 것은 아프리카에 사는 쌀 한 톨만 한 개미 '윌리'의 이야기였다. 작은 개미 윌리는 자기보다 몇천 배 큰 코끼리의 등 위에 살고 있지만 그 사실을 깨닫지 못했다. 하지만 끝없는 수련과 '나는 할 수 있다'는 긍정적인 마인드 컨트롤을 통해 마침내 거대한 코끼리를 자신의 의지대로 움직이게 한다.

대단한 개미 윌리는 경영컨설턴트 빈스 포센트의 우화집 〈코끼리를 들어 올린 개미〉의 주인공이다. 내가 지영이에게 하고자 했던 이야기는 누구나 윌리처럼 될 수 있다는 것이다. 만약 윌리가 '나는 작은 개미에 불과한데 도대체 뭘 할 수 있겠어?'라고 생각했다면 이런 결과는 불가능했을 것이다. 하지만 윌리에게는 긍정적인 생각과 자기확신이 있었고, 그것이 작은 개미에 머물지 않고 더 발전할 수 있도록 한 원동력이었다.

1년이라는 시간이 흐른 지금, 지영이는 누구보다 영리한 학생이 되어 있다. 물론 그것은 다른 누구도 아닌 자신이 먼저 깨달은 사실이다. 영리한 학생이니 학업 성적이 우수한 것은 말할 필요도 없다. 이것이 바로 긍정적인 생각이 가진 힘이다. 지영이가 자신을 바꿀 수 있었던 가장 원천적인 에너지이다.

실망하면 실패한다

성공한 사람과 실패한 사람은 어떤 차이가 있을까. 타고난 재능, 물려받은 재산 등을 떠올리기 쉽지만 성공과 실패를 가름하는 가장 중요한 요인은 바로 사고思考다. 사람은 아무리 어려운 상황에 처하더라도 자신이 원하는 방식으로 삶을 이끌 수 있으며 이렇게 하는 원동력은 바로 긍정적인 생각이다. 특히 실패와 맞닥뜨렸을 때 이를 지혜롭게 헤쳐 나가기 위해서는 실패에 대처하는 긍정적인 태도가 필수다.

반대로 부정적인 생각은 자신의 가치를 낮춰 결국 인생의 실패를 경험하게 한다. 두려움, 실망, 자포자기의 심정은 더 깊은 절망의 나락으로 빠져들게 할 뿐이다. 특히 감성적으로 예민한 청소년기에 자신에 대한 부정적인 생각은 학습능력을 저해하는 주요 요인으로 작용한다. '어차피 안 될 거야.', '내가 뭘 할 수 있겠어?' 등의 생각은 공부와 관련해 수동적인 자세를 만들고 결국 학습능력 저하를 초래한다.

자신뿐 아니라 주변에 대한 불만과 부정도 마찬가지 결과를 낳는다. 특히 요즘 아이들은 마냥 즐거운 학교생활이 불가능하도록 다양한 스트레스 상황에 노출되어 있다. 교우관계, 선생님과의 관계도 불만의 요인으로 작용할 수 있다. 이럴 때 마음속의 부정문이 꼬리에 꼬리를 물다 보면 정작 중요한 학업에는 소홀할 수밖에 없다.

미국의 칼럼니스트 케빈 메이니는 인생의 좌절에 어떻게 대응하느냐에 따라 사람은 세 부류로 나뉜다고 말했다. 한 부류는 절대 다시 회복하지 못하는 사람들이다. 이들은 실패하고 좌절한 그 상태로 남는다. 두 번째는 평균적인 상태의 삶으로 다시 올라간 사람들이다. 세 번째 부류는 인생의 큰 시련을 자신의 삶의 결정적인 계기로 바꾸어 전보다 훨씬 강한 모습으로 부상하는 사람들이다. 이들의 차이점은 자신의 능력을 바라보는 태도다. 스스로를 행복한 승자로 여기는 사람만이 인생의 거친 파도를 이겨낼 수 있는 것이다.

내 아이가 인생의 큰 항로에서 성공의 길로 향하게 하려면 항상 긍정적인 생각과 태도를 지니게 하는 것이 반드시 필요하다. 바로 '포지티브 씽킹(positive thinking)'이다. 이런 태도는 가깝게는 자신에 대한 믿음으로 성공적인 학습을 가능하게 하며, 멀게는 인생을 보다 성공적으로 운영하게 한다. 잘 될 것이라는 믿음이 자신감을 갖게 하고, 자신감이 곧 성실함과 노력을 이끌어낸다. 그렇다면 과연 어떤 방법으로 내 아이가 긍정적인 생각과 태도를 지닐 수 있게 할 것인가? 가장 좋은 방법은 역시 코칭이다. 앞서 예로 든 지영이의 경우, 학습코칭을 통해 자신에 대한 부정적인 생각에서 벗어날 수 있었다. 코끼리를 들어올린 개미 역시 지혜로운 부엉이의 조언이 큰 힘이 됐다. 어린 나이에 몸에 밴 긍정적인 태도는 평생 변하지 않는 인생의 자산이 된다. 그리고 그것은 항상 옆에서 든든하게 지원해 주는 학습코칭을 통해 가능해진다.

칭찬이 학습능력을 키운다

내 아이에게 긍정적 사고가 가장 필요할 때는 바로 낙담했을 때다. 열심히 노력했는데도 결과가 실망스러운 경우, 아직 어린 학생들은 더 쉽게 낙담하고 절망하기 마련이다. 이럴 때 아이를 격려하는 따뜻한 말 한 마디는 상상 이상의 큰 힘을 발휘한다. "걱정 마, 다음에는 더 잘 할 수 있어!",

"나는 너를 믿는다."는 짧은 말이 아이에게는 커다란 위로가 되는 동시에 긍정적인 태도를 지닐 수 있게 한다.

특히 시험 결과에 민감하게 반응하거나 쉽게 비관적인 마음을 갖는 성향의 아이들에게는 이와 관련된 학습코칭이 반드시 필요하다. 성적이 기대 이하로 나왔을 때 실망 상황을 그대로 두면 이후 자발적인 학습 자체가 어려워지기도 한다. 때문에 학습코치 역할을 맡은 부모 또는 전문적인 학습코치가 긍정적인 마인드 컨트롤을 적극적으로 도와야 한다.

긍정성을 극대화시킬 수 있는 가장 좋은 방법은 역시 칭찬이다. 적절한 칭찬은 학습코칭의 기본이다. 흔히 우리나라 사람들은 칭찬에 인색하다고 한다. 그러나 칭찬은 고래도 춤추게 한다고 하지 않았던가. 반드시 필요한 순간에 건네는 칭찬 한 마디는 어떤 쓴소리보다도 큰 효과를 낸다.

특히 칭찬과 격려는 아이의 자기주도학습과 상당히 밀접한 연관이 있다. 자기주도학습의 원동력 중 하나가 성취감인데, 아직 스스로 성취감을 맛보지 못한 단계에서는 성취에 대한 타인의 지지가 무엇보다 중요하기 때문이다. 아이의 작은 성취에 대해 알아주고 지지해 주는 것만으로 학업에 대한 흥미, 학습능력을 북돋을 수 있다.

한편 아이를 칭찬할 때도 지켜야 할 원칙이 있다. 가능한 구체적으로 칭찬하고, 결과보다는 과정을 칭찬해야 한다. 또 공개적으로 칭찬하는 것이 더 효과적이다. 그러나 매사 칭찬 일색인 것은 오히려 역효과를 낼 수 있으니 조심해야 한다.

아이에게 유머 감각을 길러 주는 것도 긍정적인 사고 향상에 도움이 된다. 난관에 부딪혔을 때 유머가 발휘하는 힘은 놀랍다. 웃는 것만으로 불치병을 치료한다는 말이 있을 정도로 웃음과 유머가 우리 생활에 끼치는 영향은 상당하다. 특히 아이들의 경우 화 또는 분노를 조절하는 데 서툴기 때문에 이를 적절히 조율해 주지 않으면 학습 부진을 초래할 수 있다. 화가 난 아이에게는 화가 난 근본적인 이유를 생각해 보게 하고, 아이가 부정적인 생각을 떨쳐낼 수 있도록 최대한 도와야 한다. 아이의 화난 감정에 공감해 주는 것만으로도 어느 만큼은 효과를 볼 수 있다.

세계 최고의 인재만 모여 있다는 하버드 대학의 최근 최고 인기강좌가 '긍정 심리학'이라는 사실은 놀랍다. 그만큼 우리 삶에서 긍정 마인드가 차지하는 역할이 중요하다는 사실을 단적으로 보여주는 것이다. 내 아이의 성공적인 학습과 성공적인 인생을 바란다면 긍정적인 사고와 태도를 가장 먼저 지니게 하라. 긍정적인 생각은 행운을 불러온다. 그것은 추상적인 행운이 아니다. 내 아이가 몸으로 직접 느끼는 행복이다.

05 내 아이의 운명을 바꾸는 방법

> 아버지, 제가 저 안에 들어가지 못하는 것은 피부색 때문이에요. 두고 보세요, 언젠가 반드시 들어가고 말겠어요.

열 살짜리 어린 흑인 소녀가 미 백악관 앞에서 까만 눈을 빛내며 굳게 다짐하듯 말했다. 그로부터 25년 후, 놀랍게도 소녀의 말은 현실이 됐다. 소녀는 1990년 조지 부시 전 대통령의 수석 보좌관으로 백악관에 당당히 입성했던 것이다. 이 꿈같은 이야기의 주인공은 바로 콘돌리자 라이스 미 국무부장관이다.

미국 역사상 최초의 흑인 여성 안보보좌관, 2002년 미국 뉴스위크지가 선정한 '세계에서 가장 유명한 흑인 여성', 최연소·첫 여성·첫 흑인 스탠퍼드대학교 부총장. 콘돌리자 라이스 장관에게 붙는 수식어는 이외에도 셀 수 없이 많다. 사람들은 그녀를 두고 정확한 분석력과 빠른 판단력을 겸비해 국내외 주요 현안을 누구보다 간단명료하게 해결하는 능력을 지녔다는 평가를 내리고 있다.

주목할 것은 이런 그녀가 미국에서도 가장 인종차별이 극심했던 남부 앨라배마 주에서 노예의 후손으로 태어났다는 점이다. 또한 흑인이라는 이유로 백악관에 발을 들이는 것조차 허락되지 않을 정도로 당시 미국은 엄격한 인종구별 정책을 실시했던 나라였다. 그런데 어떻게 그녀는 세계에서 가장 영향력 있는 흑인 여성으로 자리매김할 수 있었을까.

그녀는 열 살이라는 어린 나이에, 반드시 성공하고야 말겠다는 남다른 열정과 뜨거운 의지로 자신을 단단히 무장했다. 흑인으로서의 한계를 절감한 그녀는 남들보다 두 배 더 열심히 하겠다는 각오를 다졌다. 열다섯 살에 대학에 입학할 정도로 실력이 뛰어났으며, 스물여섯에는 스탠포드 대학교의 정치학 부교수가 되어 주변을 깜짝 놀라게 했다. 사회적으로 불이익을 당할 수밖에 없었던 핸디캡이 오히려 긍정적으로 작용한 것이다.

어린 흑인 소녀를 지금의 자리로 이끈 것은 다름 아닌 '열정'이다. 언젠가는 자신을 가로막았던 백악관에 들어가고야 말겠다는 결연한 의지가 그녀를 세계에서 가장 유능한 여성의 반열에 올려놓은 것이다.

열정이 운명을 지배한다

세계적으로 성공한 이들의 성공스토리에는 '열정'이라는 단어가 빠지지 않는다. 잭 웰치 전 GE 회장, 빌 게이츠 마이크로소프트사 회장 등 누가 보더라도 성공한 사람들의 이야기에서 빼놓을 수 없는 것은 바로 지치지 않는 열정이다. 목표를 향해 활활 타오르는 열정이야말로 성공의 최대 관건인 것이다.

비단 성공뿐 아니다. 세상의 그 어떤 일도 열정 없이는 불가능하다. 작은 돌을 옮기는 일에도 "저 돌을 반드시 옮기겠다."는 의지와 열정이 반드시 필요하기 때문이다. 중요한 것은 작은 돌 하나를 옮김으로써 인생 전체가 바뀔 수도 있다는 것이다. 그러므로 열정은 한 사람의 운명을 바꾸는 마법과도 같은 힘이다.

과연 열정이란 무엇이기에 이처럼 엄청난 위력을 발휘하는 것일까.

열정은 한 마디로 목표를 이루고자 하는 결연한 의지다. 꿈을 향해 나아가는 길에서 매 순간 갖게 되는 뜨거운 열의인 동시에 강한 의욕이다. 자동차가 연료의 힘으로 움직이듯 사람은 열정이라는 에너지를 통해 앞으로 나아간다.

또한 열정은 집중력과 끈기를 발휘하게 한다. 인생의 큰 그림 안에서 무분별하게 힘을 쏟지 않고 한 가지 목표에 집중할 수 있는 힘을 부여한다.

열정은 무엇보다 원하는 것을 얻고야 말겠다는 강력한 마음의 소원이다. 강렬히 소망하면 마침내 이루어진다는 말이 있다. '나는 반드시 사회적 약자를 돕는 삶을 살겠어!', '나는 국내에서 가장 견고한 건물을 짓겠어!' 등 저마다 갖고 있는 마음의 소망을 강한 열망으로 표출하는 것이 바로 열정이다.

뜻한 바를 이루고, 인생에서 성공하기 위해서는 열정이라는 묘약이 반드시 필요하다. 아무리 목표를 확고히 정했더라도 지쳐 포기하고 싶은 순간이 불현듯 찾아온다. 난관에 부딪히거나 뜻대로 되지 않을 때 자기도 모르게 끈기와 의욕을 상실하게 되는 것이다. 그러나 이런 순간에도 마음속에 뜨거운 열정을 간직한 사람은 절대 쉽게 포기하지 않는다.

열정은 새로운 도전을 가능하게 하는 힘을 가졌기 때문이다. 뜻하지 않은 실패로 자신감을 상실했을 때에도 열정을 잊지 않은 사람은 다시 일어설 수 있는 용기를 얻는다. 이렇게 열정은 무형의 꿈을 유형의 현실로 바꾸는 마법의 힘이다.

아이의 마음에 열정의 불씨를 지펴라

"우리 아이는 시키지 않으면 아무 것도 하질 않아요. 항상 무기력하고, 예습과 복습도 입이 닳도록 잔소리를 해야 겨우 하는 편이지요. 도대체 문제가 뭘까요?"

간혹 이런 불만을 토로하는 부모가 있다. 이것은 부모와 자녀의 관계가 일방적이고 수동적으로 습관화된 결과인데, 원인은 바로 부모의 잘못된 교육에 있다. 이 아이의 경우 자신의 삶을 능동적으로 살아야 하는 이유를 전혀 깨닫지 못하고 있기 때문이다.

공부뿐 아니라 모든 일에 능동적이고 자발적인 태도를 갖게 하려면 우선 아이의 마음속에 열정의 불씨를 지펴야 한다. 아이 내면에 하고자 하는 열정이 있다면 부모가 말려도 밤새 책을 보고, 최선을 다해 공부할 것이다. 반대로 마음속에 아무런 열정이나 열의가 없는 아이에게 이거 해라, 저거 해라 하는 것은 헛된 잔소리에 불과하다.

그렇다면 내 아이의 마음속에 열정을 뿌리내리게 하기 위해서는 어떤 학습코칭이 필요할까. 가장 먼저 해야 할 일은 바로 비전을 갖게 하는 것이다. 아무런 목표와 비전 없이 공부에 대한 뜨거운 열의가 절로 생겨날리 없다. 비전이란 막연한 꿈을 넘어서서 미래에 반드시 되고자 하는 자신의 모습이다. 이런 비전을 통해 구체적인 목표를 찾고, 목표를 마음의 소원으로 간직하게 하는 것이다.

아이의 지적 호기심을 자극하는 것도 열정을 갖게 하는 한 방법이다. 요즘 아이들은 초등학교 고학년만 되어도 학교에서 가르쳐 주지 않는 다양한 지식과 고급 정보에 대해 강한 호기심을 보인다. 이런 아이들의 왕성한 호기심을 제때 충족시켜 주면, 이후에는 스스로 찾아서 공부하는 습관을 저절로 갖게 된다. 알고 싶은 것과 필요한 것을 찾아서 공부하는 것만큼 효과가 큰 공부 방법은 없다.

한편 배움에 대한 필요성과 확신을 직접 깨달았을 때 아이들은 보다 더 자발적이고 열정적으로 변화한다. 무조건 '공부하라'는 명령은 아무런 위력도 발휘하지 못한다. 많이 공부하고 배우는 것이 왜 중요한지, 배움을 통해 장차 어떤 일을 이룰 수 있는지 몸으로 깨닫고 이해했을 때 비로소 잠들어 있던 열정을 깨울 수 있는 것이다.

자신의 가치를 아는 것도 중요하다. 자신의 가능성을 인식하지 못하는 아이들은 의기소침할 뿐 아니라 항상 무기력하다. 힘들고 어려운 순간에 노력으로 성과를 얻고, 뭔가를 이뤄낼 수 있다는 자신감이 없기 때문이다. 아이에게 미래의 무궁무진한 가능성을 제시하는 것이 바로 부모의 역할이다.

이쯤 해서 내 아이의 모습은 어떤지 한번 살펴볼 필요가 있다. 공부든 뭐든 부모가 시켜야만 가까스로 하고 있다면, 아이에게 부족한 것은 바로 열정이다. 그렇다면 먼저 부모가 바뀌어야 한다. 아이가 비전을 가질 수 있도록 함께 대화하고, 목표를 설계해야 한다. 지적 호기심을 자극하고, 새로운 지식을 습득해야 하는 이유를 설명해 줄 필요가 있다. 이런 과정을 거치며 내 아이는 어느 순간 누구보다 열정적인 아이로 변화할 것이다.

지금 이 순간 아이가 게임과 웹서핑이 아닌 공부에 매진할 수 있도록 하고, 자신의 목표를 향해 끊임없이 노력할 수 있게 하는 것은 다름 아닌 '열정'이다. 시험에서 기대한 만큼의 좋은 성적을 얻지 못했어도 다음 시험에 다시 기대와 희망을 갖도록 하는 것도 열정이다.

아이가 열정으로 가득 찬 삶을 살게 하라. 그 열정이 내 아이의 운명을 바꿀 것이다.

Education Coaching Manual

02
자기주도형 학습의 키워드

자기주도력이 단순히 명문대 진학과 번듯한 직장만을 위해 필요한 것은 결코 아니다.

자기주도력은 만족하는 삶과 더욱 밀접한 연관이 있다.

자기주도력은 능동적인 삶의 태도를 만드는 기반이 되기 때문이다.

청소년기에 능동적으로 학습한 아이는 자라서도 자기 인생을

주도적으로 설계하고 운영한다.

인생의 목표와 자신에게 중요한 가치 기준이 분명하기 때문이다.

목표와 계획을 세우고, 그것을 이루기 위해 실행하는 방법을 알고 있기에 더욱 그러하다.

이렇게 주체적으로 삶을 운영하는 사람은 그렇지 않은 사람에 비해

훨씬 만족스러운 생활을 하고, 항상 감사하는 마음을 지니고 산다.

이것이야말로 진정으로 성공한 삶인 것이다.

\>\>\>\> Education Coaching Manual_chapter 02

06 진짜 공부 이야기

하루도 빠짐없이 과외하는 아이, 학원 종합반에 다니느라 10시가 넘어서 집에 오는 아이, 학교 숙제와 학원 숙제로 매일 정신없이 바쁜 아이.

주변에서 흔히 볼 수 있는 우리 아이들의 모습이다. 새벽같이 일어나 학교에 가고 하루 종일 꼼짝 없이 앉아 수업 듣는 일만도 벅찬데, 그 나머지 시간들도 이렇게 힘들게 보내고 있다. 모두 성적 상위권을 향한 처절한 노력이다. 그런데 참 이상한 것은 이렇게 하는 데 비해 결과는 기대치에 못 미친다는 것이다. 열심히 한다고 하는데도 성적은 제자리걸음이거나 오히려 나날이 떨어진다. 부모도 애가 타지만 본인은 더 답답하기 그지없다.

이런 와중에도 늘 성적 상위권을 유지하는 아이가 있다. 특별히 과외를 하는 것도 아니고, 밤늦도록 공부만 하는 것도 아니다. 그런데도 보통 아이들에 비해 실력이 탁월하고 시험 때는 언제나 여유만만하다. 어떤 차이가 있는 것일까? 해답의 키워드는 바로 공부의 양이 아니라 질에 있다. 얼마나 많이 공부했는가 보다는 어떻게 공부했느냐가 관건이라는 것이다. 여기서 'How?'의 답은 '스스로!'다. 부모의 잔소리, 선생님의 질책이 아닌 자신의 판단에 의해 자발적으로 공부하는 것. 그것이 바로 '훌륭한 성적'의 비법이다.

무엇이 진짜 공부인가

학교 수업 예닐곱 시간에 학원·과외 모두 합쳐 하루 열 시간 이상 공부하는 아이를 보며 부모는 대견한 마음 반, 안타까운 마음 반이다. 그런 가운데도 위안이 되는 것은 '내 아이가 오늘도 열심히 공부했구나.' 하는 만족스러움이다. 그러나 오해 마시라. 많은 시간 수업을 듣는 것과 열심히 공부하는 것은 결코 동일하지 않으며 그 차이는 생각보다 어마어마하다. 만에 하나 성적이 오른다면 나름대로 효과를 봤다고도 할 수 있겠지만, 대체로는 그렇지 못하다.

첫 번째 이유는 충분한 자율학습을 하지 않기 때문이다.
보통 중학교 하교 시간이 서너 시인데 여기에 학원 강의를 두세 시간 듣고 집에 온다면 이미 저녁 8시가 훌쩍 넘는다. 여기에서 씻고, 밥 먹고, 휴식하는 시간을 제하면 시간을 최대한 빠듯하게 활용한다고 해도 혼자 공부하는 시간을 두 시간 이상 마련하기 어렵다. 그런데 혼자 공부하는 시간이 부족하면 충분한 예습과 복습이 불가능하다.

아무리 하루 열 시간의 수업을 받았다고 해도, 아이의 머릿속에 남는 것은 그 중 극히 일부에 불과하다. 학교 수업과 학원 강의 시간에 최대한 집중해서 듣는다 해도 분명 한계가 있다. 그 자리에서 쉽게 이해하지 못한 부분에 대해서는 혼자 탐구하는 시간이 더욱 더 필요하다. 때문에 하루 동안의 수업 내용을 온전히 자기 것으로 만들기 위해서는 예습·복습이 필수다. 이처럼 적절한 양의 수업과 그에 비례하는 적절한 자율학습이 필요한데 마냥 과외와 학원에만 의지했기 때문에 성적이 쉽게 오르지 않는 것이다.

두 번째 이유는 자기 주도적으로 공부하지 않았기 때문이다.

사실 이 부분이 더 중요하며 근본적인 이유가 된다. 다른 사람의 강요가 아닌 자기 자신의 판단과 결정에 의해 하는 공부가 진짜 공부인데, 대부분의 아이들이 그렇지 못한 상황에 놓여 있다. 외부의 강제에 의해 억지로 공부하고 있다는 것이다. 하기 싫은 공부를 하는 데 좋은 성과가 있을 리 없고, 그러다 보니 성적이 오르지 않아 또 꾸지람을 듣고 공부가 더 하기 싫어진다.

'자기주도학습'이란 한 마디로 자기 주도 하에 능동적으로 하는 공부를 말한다. 누가 시키지 않아도 알아서 공부하고, 과목별로 공부 목표와 계획을 세워 그에 따라 실천한다. 스스로 성과를 평가하고, 반복적인 실행을 통해 자기만의 공부 노하우를 습득한다. 이렇게 하는 공부는 적은 노력으로도 성과를 극대화시킬 수 있다.

내 아이가 이런 자기주도학습을 할 수 있다면 공부에 대해 부모가 더 이상 일일이 간섭하고 노심초사할 필요가 없게 된다. 성적도 스스로 관리하고 크고 작은 목표도 주도적으로 수립하기 때문이다. 그렇다면 자기주도학습은 어떻게 가능한 것인가? 그 근본에는 자기주도력이 있다.

자기주도력이 우선이다

다음 항목에 대해 아이에게 Yes 또는 No로 답해보게 하자.

〈자기주도학습능력 체크리스트〉

1. 성격의 장단점을 파악해 보완하려고 한다. Y N
2. 꼭 하고 싶은 인생 목표를 달성하기 위해 공부한다. Y N
3. 왜 공부를 해야 하는지 알고 있다. Y N
4. 누가 시키지 않아도 스스로 공부한다. Y N
5. 공부할 때 장점을 알고, 부족한 점은 개선하려 한다. Y N
6. 공부를 시작하면 처음 계획대로 끝낸다. Y N
7. 원하는 수준의 성적을 받을 능력이 있다고 생각한다. Y N
8. 학기마다 과목별로 학습목표를 정한다. Y N
9. 이용 가능한 시간을 고려해 매주 학습 계획을 세운다. Y N
10. 등하교 시간 등 짧은 시간도 그냥 지나치면 아깝다. Y N
11. 도움을 청할 수 있고 나를 전폭 신뢰하는 사람이 있다. Y N
12. 교과서 내용을 충실하게 공부한다. Y N
13. 공부 전에 목차를 보며 공부할 내용의 틀을 파악한다. Y N
14. 가장 효율적인 나만의 공부방법이 있다. Y N
15. 배운 내용을 다른 과목이나 생활 속 경험과 관련짓는다. Y N

이 체크리스트에 10개 이상의 'Yes'를 대답하는 학생은 자기주도적 학습능력이 상당히 우수하다고 평가할 수 있다. 물론 향후 전문가의 도움을 받아 더 높은 수준의 성취를 이룰 수 있다. 'Yes'가 5개에서 9개 사이면 스스로 공부하려 하고는 있지만 실천력이 부족하다고 할 수 있다. 학습법과 일상 습관을 재점검하고 지속적으로 관리하면 높은 향상을 기대할 수 있다.

마지막으로 'Yes'가 4개 이하면 타율적 주입식 교육에 익숙하다고 볼 수 있다. 거의 스스로 공부하지 않고 있다고 해도 무방하다. 이 경우는 자기주도력을 갖기 위한 체계적인 연습과 훈련이 필요하다.

위 항목들은 학생들의 자기주도력 여부를 판가름하는 체크리스트다. 인생 목표를 달성하고자 하고, 자신의 장점과 단점에 대해 능동적으로 대처하며 자신이 원하는 수준의 성과를 이룰 수 있는 능력이 있다고 생각하는 것. 이런 것들이 모두 자기주도력이다. 한 마디로 말해 능동적으로 자기 시간을 관리해 목표를 달성하는 능력이다.

자기주도력을 갖춘 아이는 학습 목표와 계획을 스스로 세우는 것은 물론, 자기 성격의 장단점을 파악해 보완하고자 하는 노력도 게을리하지 않는다. 또한 자신이 왜 공부해야 하는지 분명히 알고 있으며 한번 세운 계획을 반드시 실행에 옮긴다. 이렇게 하는 공부는 타율적인 공부와 성과 면에서 커다란 차이가 있을 수밖에 없다.

성공적인 삶으로 가는 길

많은 부모들이 내 아이만큼은 명문대에 진학하기를 원한다. 그러기 위해 초등학교부터 중학교, 고등학교에 이르기까지 남들보다 높은 성적을 얻고자 갖은 노력을 다한다. 명문대에 진학해야 하는 이유는 무엇인가? 당연히 선망 받는 직업을 갖고, 남들로부터 존경받는 위치에 오르게 하기 위해서다. 부모의 입장에서 이 모든 것이 '내 아이의 성공'이기 때문이다.

우선 이러한 측면에서만 답한다면, 자기주도력은 내 아이의 성공을 위해 반드시 필요하다. 명문대 입학생, 성적 우등생 가운데 부모가 시켜서 하는 수 없이 공부하는 학생은 아마 거의 없을 것이다. 만에 하나 다른 사람의 강제에 의해 높은 성적을 올렸다 하더라도 결코 그런 상태를 오래 지속시킬 수는 없을 것이다. 능동성이 결여되어 있기 때문이다.

성적이 우수한 학생들은 대부분 뚜렷한 목표의식을 갖고 자신의 필요에 의해 자발적으로 공부한다. 또한 공부에 관한 자기만의 노하우가 있고, 효율적인 공부비법을 활용한다. 심지어 공부가 정말 재미있다고도 말한다.

내 아이가 명문대에 진학하기 바란다면 자기주도력을 먼저 키워줘야 한다. 자기주도력이 갖춰진 아이는 공부하라는 잔소리 없이도 알아서 공부하기 때문이다.

하지만 자기주도력이 단순히 명문대 진학과 번듯한 직장만을 위해 필요한 것은 결코 아니다. 자기주도력은 만족하는 삶과 더욱 밀접한 연관이 있다. 자기주도력은 능동적인 삶의 태도를 만드는 기반이 되기 때문이다.

청소년기에 능동적으로 학습한 아이는 자라서도 자기 인생을 주도적으로 설계하고 운영한다. 인생의 목표와 자신에게 중요한 가치 기준이 분명하기 때문이다. 목표와 계획을 세우고, 그것을 이루기 위해 실행하는 방법을 알고 있기에 더욱 그러하다. 이렇게 주체적으로 삶을 운영하는 사람은 그렇지 않은 사람에 비해 훨씬 만족스러운 생활을 하고, 항상 감사하는 마음을 지니고 산다. 이것이야말로 진정으로 성공한 삶인 것이다.

그렇다면 자기주도력은 어떻게 키울 수 있을까. 부모의 역할이 무척 중요해지는 지점이다. 자기주도력은 적어도 십대 초반부터 적극적으로 길러줄 필요가 있다. 방법은 여러 가지지만 그 중에서도 인생 전체의 목표를 설정하도록 함으로써 동기를 부여해 주는 것이 가장 우선되어야 한다. 누구나 목표 지점이 분명해야 걸음을 뗀다. 앞으로 나아가고자 하는 의지와 욕구는 방향이 분명하느냐 그렇지 못하느냐에 달렸다.

시간의 중요성을 일깨워주는 것도 필요하다. 아이들은 눈에 보이지도 않고, 자고 일어나면 항상 새로 주어지는 것이 시간이라고 느끼기 때문에 그 가치를 잘 알지 못한다. 시간의 소중함과 가치 있게 사용하는 방법을 알려줘야 한다.

계획을 세워 목표를 이뤄가는 과정에 대해서도 부모의 특별한 교육이 필요하다. 그에 대한 이해 없이는 자기주도적인 학습이 불가능하다. 이밖에 열정적이고 긍정적인 마인드, 성실한 태도, 선택에 대한 책임 등도 자기주도력과 깊은 연관이 있다.

이제 아이가 과거와는 다른 공부를 할 수 있도록 부모가 고민하고 선택해야 한다. 언제까지 아이의 공부방을 감시하듯 들여다 볼 것인가. 자기주도력, 목표, 계획, 실행 등의 단어가 다소 복잡하게 여겨질 수도 있다. 그렇다면 한 가지만 기억하자. 아이가 혼자 공부하게 하자. 스스로 하는 공부만이 진짜 공부다.

07 동기 없는 실행은 없다

학교에 가면 선생님이, 집에 오면 부모님이 쉴 새 없이 공부하라고 다그치시는데 전 정말 이유를 모르겠어요. 잠깐 게임 좀 하고 있으면 '또 놀고 있냐?'며 핀잔을 주시고요. 물론 저도 학생이니까 공부해야 한다는 것쯤 알고 있지만, 뭐 그렇게까지 열심히 할 필요 있나요?

중학교 3학년이면 한창 열공 모드에 빠져 있어야 할 때인데, 기원이는 전혀 그렇지 않다. 부모님 성화에 못 이겨 학원을 등록하긴 했지만 강의를 듣는 날보다 빠지는 날이 더 많다. 공부하는 것보다는 친구들과 어울려 놀거나 게임하는 일에 더 열을 올린다.

그렇다고 해서 기원이가 마냥 엇나가는 아이는 아니다. 수업시간에는 누구보다 성실하고 친구들 사이에서도 인기가 많다. 기원이 말로는 '수업 잘 듣고, 친구들과 잘 지내는 것은 너무나 당연한 일'이기 때문이란다.

나는 아이에게 묻고 싶은 것이 있었다.

"기원이는 5년 후나, 10년 후의 자신의 모습에 대해 생각해 본 적이 있니?"

내 질문에 아이는 잠시 주춤하더니 "없어요."라고 힘없이 대답했다.

"그럼 지금부터라도 한번 생각해 보면 어떻겠니? 10년 후뿐 아니라 20년, 30년 후의 네 모습 말이야."

기원이는 "글쎄요, 잘 떠오르지 않는데요. 그냥 어른 아닐까요?"라고 말하고서는 머쓱한 웃음을 지었다.

나는 그 문제에 대해 다음 날 다시 만나서 이야기해 보기로 하고 기원이를 일단 돌려보냈다. 아이가 혼자 조용히 생각할 시간이 필요해 보였기 때문이다.

며칠 후 만난 기원이의 얼굴은 이전보다 한층 밝아 보였다. 기원이는 장차 유명한 배우가 되고 싶다고 했다. 자기 적성에 가장 맞는 일을 생각해 본 결과라는 것이다. 나는 아이에게 배우가 되기 위해 청소년기에 밟아야 하는 과정에 대해 자료를 찾아보라고 일러 주었다.

이날의 만남 이후 기원이는 예전과 180도 다른 모습으로 변화했다. 게임을 하는 시간보다 교과서를 보는 시간이 더 많아졌고, 영화나 연극 관련 서적도 이것저것 찾아서 읽어보곤 했다. 기원이는 현재 중3이기 때문에 예고에 진학하기에는 이미 늦었지만, 장차 예술대학이나 일반 대학 연극영화학과에 진학해야 보다 수월하게 배우의 길을 갈 수 있을 것이라고 스스로 판단한 것이다.

내가 진단하기로 기원이는 '동기 부여'가 되지 않았던 케이스다. 사람이 어떤 일을 시작하고, 꾸준히 실행하기 위해서는 무엇보다 그 일을 해야만 하는 동기가 필요하다. 아무런 이유도 없이 일을 하고 공부하는 사람은 아마 없을 것이다. 저마다 자신만의 특별한 이유와 동기를 마음에 품고 한 발짝씩 앞으로 나아가는 것이다.

동기가 있어야 움직인다

단적으로 말해 학습동기가 높은 아이들은 스스로 공부한다. 누가 시키지 않아도 자신만의 방식으로 학업을 진행시켜 나간다. 그러나 기원이처럼 학습동기가 낮은 아이는 책임감이나 성실함이라는 덕목을 갖추고도 학업을 제대로 관리하지 못한다. 따라서 자기주도형 학습을 체화하기 위해서는 가장 먼저 동기 부여가 필요하며, 이 역시 부모의 역할이 더 없이 중요하다.

그렇다면 아이가 높은 학습동기를 갖도록 하기 위해서는 어떤 방법이 필요할까? 기원이에게 내렸던 처방처럼 동기 부여는 자신의 미래를 그려 보는 데서 출발한다.

처음에는 단순히 꿈을 갖는 것에서부터 시작할 수 있다. 비록 허황한 꿈일지라도 아이가 진정으로 원하는 것이 무엇인지 생각해 보게 할 필요가 있다. 다양한 꿈의 목록을 적어 보게 하는 것도 한 방법이다. 그런 후에 그 꿈을 구체화시키는 과정이 필요하다. 아이가 바라는 미래 자신의 모습을 생각해 보도록 하는 것이다. 그것이 바로 비전(vision)이다. 비전은 인생의 긴 항로에서 앞길을 밝혀주는 등대와 같은 역할을 한다. 자신의 비전을 생각해 봄으로써 아이는 비로소 인생의 의미와 이유를 깨닫기 때문이다.

비전을 통해 목표를 보다 구체화 시키는 과정은 학습동기 유발에 가장 직접적으로 필요한 부분이다. 앞서 기원이의 예에서 보듯 "배우가 되어 세상 사람들에게 기쁨과 즐거움을 선물하겠다."는 것이 비전이라면, 이 비전을 이루기 위해 반드시 거쳐야 할 과정이 바로 목표가 된다. 구체적인 목표 설정 역시 아이 스스로 자료를 찾아 고민하고 생각해보게 하는 것이 더 효과적이다.

비전과 목표가 분명해졌다면 현재 자신의 상황과 위치를 파악하는 단계로 넘어간다. 만일 어느 대학 어느 학과에 진학하는 것이 목표라면, 그것을 위해 필요한 학업성과와 현재 자신의 성적을 비교해 보는 것이다. 자신의 현재 상태를 제대로 아는 것은 아이의 학습동기 유발에 가장 좋은 자극제다.

이때 현재 성적이 목표에 매우 못 미친다고 해서 아이를 무조건 책망하는 것은 절대 피해야 한다. 앞으로 어떻게 해야 목표에 도달할 수 있는지 스스로 생각해 보게 하면 되는 것이다. 이 과정에서 특별히 잘하는 과목과 부진한 과목을 파악하는 것은 반드시 필요하다. 부진한 과목의 경우에는 코칭을 통해 해결책을 찾아나가야 한다.

한편 성취감을 맛보게 하는 것만큼 동기 유발에 좋은 방법은 없다. 해냈다는 기쁨, 자신감, 할 수 있다는 믿음이 더 큰 목표를 향해 매진할 수 있는 원동력으로 작용한다.

내 경우 5년 단위로 큰 목표를 설정하고, 그 목표를 실천하기 위한 하위 목표와 계획을 매년, 매월, 매주 그리고 매일 단위로 설정해 실행하고 있다. 이렇게 목표 설정 단위를 잘게 쪼개는 이유는 해당 목표에 도달할 때마다 그만큼 많은 성취감을 얻을 수 있기 때문이다. 예를 들어 10년 후 목표와 계획만 세워 놓는다면, 목표를 성취하기가 쉽지 않을뿐더러 설령 계획대로 했다 하더라도 앞으로 10년 후에나 성취감을 맛볼 수 있게 된다. 때문에 매 순간 작은 일이라도 계획을 세우고, 이를 실천했을 때 성공에 대한 기쁨을 맛볼 수 있도록 코칭할 필요가 있다.

진실한 계획을 세우게 하라

아이들의 마음에 학업에 대한 동기가 부여되면 어떤 변화가 생길까. 학습동기가 전혀 없는 아이들은 그야말로 무기력의 단계에 있다. 공부는 전혀 하기 싫고, 선생님이나 부모님의 이야기는 온통 잔소리로밖에 들리지 않는다.

무기력 단계에서 벗어나 어느 정도 계획에 맞춰 공부하더라도 주변의 압력과 명령에 마지못해 하는 경우가 있다. 이를 '외적 강압의 단계' 라고 한다. 이 단계는 비록 공부는 하고 있지만 의미는 전혀 찾지 못한 채 수동적으로 하는 단계다. 이런 상황에서는 자신이 뭘 공부하고 있는지 전혀 모를 뿐 아니라 향후 학업에 대한 계획이 아예 없다. 눈으로는 책을 보고 있다고 해도 잠시 후 책을 덮은 후에는 자신이 뭘 봤는지 아무 것도 기억하지 못한다.

동기 유발이 충분히 이루어진 후에는 상황이 달라진다. 부모의 강압이 없어도 자발적으로 자신의 시간과 상황을 통제하며 관리해 나간다. 바로 '내적 강압의 단계' 다. 이 단계에 이르면 학습과 관련된 자신의 상황, 감정, 시간 등을 스스로 통제 관리하고 자신이 원하는 방향으로 학업을 이끌어 나간다. 바로 자기주도학습의 시작인 것이다.

내적 강압의 단계를 거치며 아이들은 자신에게 진정으로 유익한 것이 무엇인지 생각하게 되고, 목표와 성과에 대해 의미를 부여할 줄 알게 된다. 지적 호기심도 충만해져 지식과 정보에 대해 강한 탐구력을 갖게 된다. 이쯤 되면 자기주도형 학습이 체화되어 어떤 상황에서도 흔들리지 않고 목표를 향해 매진할 수 있게 되는 것이다.

흔히 부모는 아이에게 "계획을 세우고 실천하는 걸 보지 못했다."며 책망한다. 그런데 이런 꾸지람은 결코 옳은 것이 아니다. 왜냐하면, 아이가 세운 계획은 진실이 반영되지 않은 거짓된 계획이었기 때문이다. 아무 생각 없이 습관적으로 세운 하루 일과표, 한 달 계획표는 결코 실행을 담보하지 못한다. 그리고 우리 아이가 그런 계획표를 세운 데에는 부모의 잘못도 적지 않다.

내 아이가 자기주도적으로 학습하기 바란다면 가장 먼저 동기를 부여해라. 공부의 이유와 목표를 먼저 고민하게 하라. 그런 후에 진실된 계획을 세우도록 옆에서 지켜봐줘야 한다. 마음에서 우러나와 공부하기 바란다면 말이다. 동기가 없으면 실행도 없다.

08 시간을 잡는 사람이 승리한다

웹서핑 아주 잠깐 한 것 같은데 언제 시간이 이렇게 됐지?
시험 공부할 땐 언제나 시간이 너무 부족해!
숙제를 열심히 하지 않은 게 아니라, 시간이 너무 없었다니까요!

아이들은 종종 이렇게 투덜거린다. 뭔가 하려고 하면 시간이 항상 부족하다는 것이다. 누군가 "왜 그 일을 하지 않았냐?"고 물어보면 한결같이 시간 부족을 탓한다. 모두에게 똑같이 주어진 하루 24시간이 유독 자신에게만 짧게 느껴지는 것도 같다.

이런 상황은 어른이라고 해서 다르지 않다. 하루 업무량에 비해 근무시간이 태부족해 매일 야근을 밥 먹듯이 하고, 휴일에는 시간이 더 빨리 흘러서 쉬어도 쉬는 것 같지 않다. 항상 일에 쫓겨 가족과 여유로운 한 때를 보낸 것이 언제였는지도 모르겠다고 말한다.

　이들은 모두 한결같이 '시간이 조금만 더 있었더라면!' 이라고 탄식한다. 시간이 조금만 더 있었다면 시험 준비를 더 완벽하게 할 수 있었을 것이고, 숙제도 밀리지 않았을 것이라는 얘기다. 또 항상 시간이 없어 운동과 여가를 즐기지 못한다고 말한다.

　정말이지 모두 시간과의 전쟁을 하는 것만 같다. 미래를 전망하는 사람들 중 어떤 이는 가장 부족한 자원으로 식량도 석유도 아닌 '시간'을 꼽는다. 식량과 석유만큼이나 시간도 매우 중요한 자원이며, 앞으로 더 많은 사람들이 시간 부족에 대해 이야기할 것이라는 것이다.

　그러나 사실 시간 부족 문제는 먼 미래의 이야기가 아니다. 현재도 대다수 사람들은 시간이 없다고 아우성이다. 최근 독일의 한 조사에서 설문 응답자의 40% 이상이 '하루 시간이 30시간을 넘었으면 좋겠다.'고 답했다고 한다. 이처럼 현대를 사는 모든 사람들은 시간으로부터 조금도 자유롭지 못하다.

　그런데 과연 시간이 그렇게 절대적으로 부족한 것일까? 미국의 경영학자 피터 드러커는 '시간 부족'은 부족 그 자체가 아니라 '관리'의 문제라고 말했다.

시간은 '관리' 하기 나름

　웹스터 사전은 '시간은 과거로부터 현재를 거쳐 미래로 이어져가는 크고 작은 사건들의 연속'이라고 정의했다. 시간이란 이처럼 유동적이고 물처럼 흘러가는 것이다. 그럼에도 불구하고 우리에게 시간은 매우 한정된 것으로 보인다. 시계와 달력이 한 달은 30일이고, 하루는 24시간이라고 규정하고 있기 때문이다.

때문에 시간을 정확하게 관리하기 위해서는 먼저 시간에 대해 다시 생각해야 한다. 1분 1초를 계획적으로 관리하는 것에 앞서 물처럼 흘러가는 시간의 방향에 대해 고민해야 한다.

여기에 시간을 관리하는 첫 번째 원칙이 있다. 바로 '시계보다는 나침반이 먼저 놓여야 한다.'는 것. 무슨 뜻인가. 시계는 약속, 긴급한 각종 활동 등 시간을 관리하는 일종의 방법을 의미한다. 그러나 나침반은 사명, 가치, 방향 등 자신이 소중하게 여기고 있는 것을 상징한다.

일반적으로 '바쁘다, 바빠!'를 외치는 사람들 가운데 자신의 비전과 사명에 의해 하루와 한 달, 일 년을 사용하는 사람은 거의 없다. 그런 것에 대해 아예 생각조차 해 보지 않은 이가 더 많다. 그저 즉흥적으로 눈앞에 놓인 일을 처리하다 보니 항상 바쁘고 시간이 부족한 것이다. 물론 바쁘게 일한 결과 또한 그리 만족스럽지 못하다. 이런 낭패를 반복하지 않기 위해서는 자신의 사명과 가치에 대한 성찰이 필요하다.

이처럼 시계보다는 나침반을 우선해야 한다는 말의 의미는, 얼마나 빨리 가고 있는가 보다는 어디를 향해 가고 있는가에 대해 먼저 진지하게 고민해야 한다는 것이다. 인생은 속도가 아니라 방향이 판가름해주기 때문이다.

시간을 관리하는 두 번째 원칙은 '우선순위를 결정하라!'이다. 다음 이야기를 보자.

한 시간 관리 전문가가 학생들에게 강의를 하던 중이었다. 그는 갑자기 테이블 밑에서 커다란 유리 항아리 하나를 꺼냈다. 그리고 주먹만한 돌을 꺼내 항아리 속에 하나씩 넣기 시작했다. 항아리 입구까지 돌이 차자 그는 학생들에게 물었다. "이 항아리가 가득 찼습니까?" 학생들은 이구동성으로 그렇다고 답했다.

그러자 그는 "정말입니까?"라고 되묻더니 다시 조그만 자갈을 한 움큼 꺼내 항아리에 넣기 시작했다. 큰 돌 사이로 작은 자갈들이 들어가 항아리가 가득 차자 그는 다시 물었다. "항아리가 가득 찼습니까?" 학생들은 선뜻 대답을 못하고 항아리만 쳐다보고 있었다.

그러자 그가 이번에는 모래주머니를 꺼내 그 안의 모래를 항아리에 넣기 시작했다. 모래는 주먹만한 큰 돌과 자갈 사이의 빈틈을 채웠다. 시간 관리 전문가는 "아직도 항아리는 가득 차지 않았습니다."라고 말하고는 물 주전자를 꺼내 항아리에 물을 붓기 시작했다. 학생들은 아직 실험의 의미를 몰라 어리둥절했다.

그는 빙그레 웃으며 이렇게 말했다. "우리가 항아리에 큰 돌을 먼저 넣지 않았다면, 이 큰 돌은 영원히 넣지 못했을 것입니다. 우리 인생도 마찬가지입니다. 인생의 큰 돌을 먼저 넣어야 한다는 사실을 잊지 마십시오."

이 이야기에서 말하는 '인생의 큰 돌'이란 우리가 중요하게 생각하는 것이다. 더 구체적으로는 가치 있게 여기는 것을 실현하기 위한 구체적인 활동이다. 예를 들면 이런 것이다. 우리는 삶에서 중요한 것은 물질보다는 '건강'이라고 생각하면서도 막상 운동에는 시간을 투자하지 않는다. 그러나 건강관리는 하루아침에 이루어지지 않는다. 수년 간 매일 또는 매주 시간을 정해 운동하고 체력을 관리해야만 노후의 건강이 보장되는 것이다. 이것이야 말로 '큰 돌 시간관리'인 것이다.

세 번째 원칙은 '시간관리 매트릭스를 만들라!' 이다. 이것은 일종의 방법론이다. 일상생활 중의 여러 활동을 네 개의 블록으로 나눠 관리하는 방법이다. 1블록은 중요하고도 긴급한 일, 2블록은 중요하지만 급하지 않은 일, 3블록은 중요하지는 않지만 급한 일 그리고 4블록은 중요하지도 않고 급박하지도 않은 일이다.

어떤 일을 당장 처리해야 하거나 또는 하고 싶을 때는 그 일이 네 개의 블록 가운데 어디에 해당하는지 먼저 생각한다. 그 일이 위 매트릭스 중 3블록과 4블록에 해당한다면 잠깐 뒤로 미뤄도 좋다. 그러나 1블록과 2블록에 속하는 일이라면 최대한 빨리 해결할 필요가 있는 것이다.

예를 들어 아이가 집에 돌아와 숙제만 간신히 하고 TV 앞을 떠날 줄 모른다면, 무조건 나무라기보다는 시간관리 매트릭스를 함께 그려 보는 것이 효과적이다. 숙제는 긴박하기는 하지만 중요하지 않은 일이므로 3블록이고, TV 시청은 긴박하지도 않으니 4블록에 해당한다. 이 과정을 통해 아이는 그날의 시간 관리가 적절하지 않은 이유를 스스로 깨닫게 될 것이다.

시간을 정복하라

아이의 자기주도형 학습에서 절대 빼놓을 수 없는 것도 시간 관리다. 시간의 의미를 깨닫고 효율적으로 관리할 때 비로소 자발적인 공부가 가능하다. 그러나 말로만 '시간을 잘 관리해야 한다.'고 코칭한다면 효과가 크지 못하다. 마음만 먹는다고 해서 쉽게 되는 일이 아니기 때문이다. 시간의 중요성을 이미 인식하고 있는 사람들은 효과적인 시간 관리를 위해 플래너를 사용한다. 우리 아이들도 학습플래너를 사용함으로써 마찬가지 효과를 거둘 수 있다.

플래너의 효용성은 백 번 말해도 지나치지 않는다. 인간 두뇌의 기억용량은 한계가 있기 때문에 계획적인 시간 관리를 위해서는 플래너를 사용하는 습관이 반드시 필요하다. 나는 하루 일과 중 단 한 순간도 플래너를 손에서 놓지 않는다. 모든 것은 이미 플래너에 기록되어 있다. 내 플래너 안에는 일일 계획은 물론, 중단기 계획, 장기 계획까지 모두 짜여있다. 심지어 향후 40년 뒤에 어떤 목표를 이루고 그 목표를 위해 어떤 계획을 실천해야 할지도 계획되어 있다. 모든 계획은 플래너 맨 앞장의 사명선언서에 의거해 세운 것이다.

우리 아이들도 학습플래너를 통해 보다 치밀하고 계획적인 학습을 할 수 있도록 코칭하자. 목표와 계획을 한눈에 볼 수 있도록 관리하고, 실행 여부도 꼼꼼히 기록하도록 하라. 플래너를 사용할 때는 단순히 나열식으로 기록하기보다는 계획을 이미지화 시켜 보는 것도 효과적인 방법이다.

러시아의 곤충학자 알렉산드로 류비셰프는 자신의 인생에서 단 1분도 소홀히 할 수 없다는 생각을 실천하기 위해 생을 마감할 때까지 '시간 통계 노드'를 작성해 전 세계에 '시간을 정복한 남자'로 기억되고 있다. 성공한 사람들은 하나같이 비전과 사명, 계획과 실천에 기초해 자기주도적으로 시간을 관리했다. 자기주도학습의 열쇠도 시간 관리에서 찾을 수 있다. 내 아이가 시간을 정복할 수 있도록 하라. 그것이 바로 인생을 정복하는 최고의 방법이기 때문이다.

지하철 노선도 형 주간 스케줄 관리표

피터드러커(Peter Ferdinand Drucker) 현대 경영학을 발명한 사람으로 불러지는 저명한 경영학 교수, 저술가, 컨설턴트이다. 그는 특히 지식경영이라는 주제를 주로 다루면서 미래에 조직이 어떻게 변화할 것인지에 대한 예측을 주로 해왔다. 그는 300여 권에 이르는 경영 관련 저서들을 출간했으며, 그 책들은 모두 20여 개국 언어로 번역되어 널리 읽히고 있다. 1909년 오스트리아 빈 출생. 1931년 독일 프랑크푸르트 대학에서 법학 박사 학위를 취득한 후 런던의 국제 은행에서 경제 전문가로 일하기도 했다. 1937년에 미국으로 건너가 최초의 저서인 『경제인의 종말』을 출간했다.

웹스터영어사전(Webster's New International Dictionary) 미국 최대 규모의 영어사전. 수록어의 수는 60여 만으로 백과사전적 성격이 짙다. 1828년 N. 웨브스터가 출판한 An American Dictionary of the Language가 전신(前身)이며 이후 실용본위로 개정되어 미국 국내는 물론, 세계적으로 영향을 끼치고 있다.

09 아무도 대신해 줄 수 없는 '결정'

엄마! 나 오늘 영어 공부할까? 아니면 수학?

올해 중학교에 갓 입학한 창민이는 저녁에 집에 돌아오면 어머니에게 항상 묻는 말이 있다. "오늘 무슨 공부할까?" 그때마다 창민이 어머니는 오늘과 내일의 시간표를 훑어보고 아들이 공부할 과목과 분량을 정해주곤 한다.

창민이가 묻는 것은 그뿐이 아니다. 숙제는 무엇부터 하면 좋을지, 공부는 몇 시까지 하고 잘지 등 한두 가지가 아니다. 시험이 다가오자 한술 더 떠 언제부터 시험공부를 시작하면 좋을지, 문제집은 어떤 것을 풀면 되는지 또 묻기 시작한다.

창민이 어머니는 아직 창민이가 나이가 어려 그런 것이겠거니 하면서도, 한편으로는 걱정스러운 마음이다. 초등학교 저학년 때부터 줄곧 저런 모습이었는데 쉽게 바뀌지 않을 듯해서다. 열심히 공부하는 모습을 바라보고 있자면 기특한 마음이지만 언제까지나 엄마의 결정에 의지하게 놓아둘 수는 없는 노릇이다. 특히 답답할 때는, 간혹이긴 하지만 "엄마가 이번 쪽지 시험은 여기에서 주로 나올 거라고 했잖아요. 그런데 전혀 다른 데서 나와서 나만 다 틀렸잖아요!"라고 투정 아닌 투정을 부릴 때다.

창민이의 문제는 스스로 결정하는 능력이 거의 없다는 데 있다. 이런 경우 본인의 의지도 부족하지만 더 문제가 되는 것은 그에 대한 부모의 교육이 부족하다는 점이다. 아이가 어떤 문제에 봉착해 고민스러워 하는 모습을 안타깝게 생각하는 것으로부터 시작되었을 것이다. 그러나 아이가 아무리 고민스러워 해도 우선은 자신의 힘으로 생각하고 결정하도록 해야 하는데, 질문할 때마다 부모가 답을 정해 주다 보니 아이는 아예 스스로 고민할 기회를 갖지 못한 것이다. 그러다 보니 결정한 데 따른 결과에 대해서도 아이는 책임을 부모에게 떠넘기려 하고 있다.

이런 일이 반복되면 결국 창민이는 혼자서는 아무 것도 할 수 없는 어른으로 성장하고 만다. 그때 가서는 지금처럼 도와줄 부모도 없는데 말이다. 창민이가 이렇게 스스로 결정하는 능력이 부족한 채로 성장하게 되면 성공적인 인생은 물론 불가능하며, 당장 고등학교 학업을 진행하는 것과 대학입시를 치르는 것도 쉽지 않을 것이다. 더 끔찍한 일은 자기 인생에서 만날 수 있는 크고 작은 실패조차도 온통 남의 탓으로 떠넘기게 될 것이라는 사실이다.

자기주도력은 '결정' 하는 능력이다.

스스로 하는 자발적인 공부에서 가장 필요한 덕목 중 하나는 바로 '결정력'이다. 결정력 없이 자기주도학습은 불가능하다.

자신의 비전과 사명을 마련하고, 그에 따른 목표를 세우는 것은 결정의 과정 없이 해낼 수 없다. 세상의 다양한 가치 가운데서 우선순위를 택해야 하고, 그 가치를 실현하는 다양한 방안 중에서 자신에게 맞는 목표를 선택해야 하기 때문이다. 이 과정에서 결정력을 갖추지 못한 아이는 부모나 남이 대신 선택해 주기를 바란다. 그러나 남이 선택해 준 비전이나 목표는 아무리 훌륭해봐야 소용없다. 자신의 생각과 가치관이 반영되지 않았기 때문이다. 또한 목표에 맞춰 계획을 세우고, 그 계획을 실행하는 과정에서도 결정력은 반드시 필요하다. 결정과 결단 능력이 부족한 아이는 시간을 자율적으로 관리하지 못하기 때문이다.

시험이 닥쳐 일정 시간 안에 여러 과목의 공부를 완벽하게 해내야 할 때, 결정력이 부족하면 어느 과목을 먼저 할지, 어떤 부분을 공부할지 몰라 우왕좌왕하다 결국 시간 안에 다 마치지 못하게 된다. 이런 과정이 반복되면 자신의 실력에 대해 의심하게 되고 자발적인 학습은 점차 멀어지게 된다.

결정은 다시 말해 '선택'이다. 그리고 선택에는 책임이 따른다. 창민이의 경우 매순간 자신이 선택하지 않았기 때문에 그에 대해 책임조차 지지 않겠다는 마음이 있다. 창민이뿐 아니라. 대부분의 아이들은 현재 공부하고 있는 상황을 스스로 선택하지 않았기 때문에 그 과정에 대해 끝까지 책임지겠다는 의지가 거의 없다. 부모의 강요로 할 수 없이 공부하고 있다고 생각하는 것과 자신의 결정과 선택으로 공부하는 것에는 큰 차이가 있다. 바로 최선을 다해 공부하고, 결과에 대해 책임감을 갖는 것이다. 때문에 결정력을 갖추고 매 순간을 스스로 선택하는 아이는 실패와 맞닥뜨리더라도 결코 다른 사람의 탓으로 돌리지 않는다.

결정력은 위기 관리능력이기도 하다. 자기주도학습에서 위기나 고비가 닥쳤을 때 과감히 목표를 수정하고, 계획을 다시 세우는 것도 모두 결정력이 있어야 가능하다. 머뭇하다 시간만 낭비하면 눈 깜짝할 새 뒤처지기 십상이다.

결정을 쉽사리 내리지 못하는 것에는 당장 실행하기 싫은 마음도 깔려 있다. 아이들은 흔히 계획대로 공부하지 않은 것에 대해 "영어보다는 수학이 급한 것 같았는데 다시 또 생각해 보니 영어도 해야 할 것 같아 갈등하다가 이렇게 됐다."고 핑계를 댄다. 이런 경우 처음에는 정말 결정하기 어려워 갈등했을 수도 있지만 시간이 지나면서 공부하기 싫은 마음으로 발전한 것이다. 이럴 때 평소 빠르게 결정하는 훈련이 되어 있으면 갈등으로 인해 의욕마저 꺾이기 전에 해야 할 일을 잘 처리할 수 있다.

한편 내 아이가 리더십을 갖추기 바란다면 우선 결정력과 결단력을 길러줄 필요가 있다. 사회는 점차 복잡하고 다양해지고 있어 매 순간 의사결정의 과정을 거쳐야 한다. 이럴 때 사람들은 누군가 나서서 현명한 결정을 해 주길 바라게 된다. 자신이 올바른 결정을 내리지 못할 것 같아 걱정스러운 마음도 있지만, 그 마음 깊은 곳에는 옳은 길이라 판단하는 것에 대해서도 선뜻 결단을 내리지 못하는 유약한 마음이 있다. 때문에 깊은 고민 끝에 '바로 이것!'이라고 판단이 되면 단칼에 결정하고 실행에 옮기는 사람이 리더의 자리에 서게 되는 것이다.

결정력을 기르는 방법

결정력은 자기주도력의 기반이다. 아이가 자기주도력을 갖고 자발적으로 공부하기 위해서는 먼저 스스로 선택하고 결정하는 능력을 길러줄 필요가 있다.

내 아이가 결정력을 갖추도록 하기 위해서는 먼저 '결정'이라는 것은 아무도 대신해 주지 않는다는 것을 깨닫는 것이 중요하다. 모든 것이 철저히 자신의 몫이라는 것을 알아야 한다. 자기 인생은 스스로 결정해야 하며, 자기 공부도 마찬가지라는 것을 명확히 인식하는 데서 결정력은 길러진다.

목표와 비전을 분명히 하는 것은 결정력을 갖추는 데 반드시 필요하다. 큰 방향이 정해지면 다른 사소한 일들은 결정하기 쉽다. 만약 금융전문가가 꿈이라면 좋은 대학에 진학할 필요가 있고, 그렇다면 이번 학기에 성적 상위권 목표를 달성해야 하는 것은 당연해진다. 이 경우 주간계획에서 어떤 과목 공부에 주력하고, 자율학습시간은 몇 시간 정도 마련해야 하는지 등을 결정하는 것은 매우 쉬워지는 것이다.

결정력은 무엇보다 강한 의지와 자신감이 바탕이 된다. 유약한 마음이나 잘 해낼 수 없을 것이라는 불안한 마음으로는 어느 하나 제대로 결정할 수가 없다. 그러므로 아이가 항상 자신감으로 충만한 상태를 유지할 수 있도록 부모는 아이를 늘 독려하고 칭찬해야 한다.

의사 결정의 과정에 대해 분명히 알아두는 것도 결정력을 기르는 한 방법이다. 의사결정은 목표를 설정하고, 가능한 대안을 탐색하는 것부터 시작한다. 각 대안별로 현실성을 점검하고, 중요도를 따져 본 뒤에 가장 중요하고 우선순위가 높은 것을 선택한다. 이 과정이 몸에 배면 결정의 순간마다 심각한 고민 없이 오히려 즐거운 마음으로 결단을 내릴 수 있다.

정보를 많이 갖고 있는 것도 결정에 도움이 된다. 예를 들어 장차 우주비행사가 꿈인데 그에 대한 사전 정보가 전혀 없으면 지금 시기에 어떤 준비를 해야 하는지 알 수 없다. 최소한 어느 대학 어느 학과에서 공부하는 것이 유리하다는 정도는 알고 있어야만 아이가 목표를 정하고 계획을 진행시켜 나갈 수 있는 것이다.

내 아이가 자기주도력을 통해 스스로 공부하기 바란다면, 이제부터 작은 것 하나라도 부모가 대신 결정해 주는 일은 그만둬라. 아침에 일찍 일어나는 것에서부터 주간학습계획을 짜는 것, 주말에 취미활동을 하는 것까지 모두 아이 스스로 결정하게 해야 한다. 그래야만 책임있는 자기주도학습이 가능해진다.

결정하는 일은 능력이기도 하지만 다른 한편으로는 습관이기도 하다. 작은 것부터 스스로 결정하는 습관을 길러줘라. 결정력을 갖추는 것이 비단 자기주도학습을 위해서만 필요한 것은 아니다. 인생의 목표를 향해 가는 기나긴 과정에서 결단의 힘과 자기주도력은 힘들 때 가장 든든한 버팀목이 된다.

10 타고난 지능보다 중요한 것

"우리 아이는 IQ가 워낙 높아서 고등학교 공부도 별로 걱정이 없어요."

어머니들이 많이 모인 자리에서 간혹 들을 수 있는 이야기다. 그러면 다들 그 아이의 IQ를 궁금해 하고 또 부러워한다.

"너는 머리는 좋은데 노력을 안 해서 문제야!"

시험 결과가 나쁜 자녀에게 부모들이 흔히 하는 말 중 하나다. 그 말을 듣는 아이도 예외없이 맞장구친다.

"그러니까 공부하라고 다그치지 좀 마세요. 이번엔 실수해서 그런 거니까."

반대 경우도 있다.

"우리 둘째는 제 오빠에 비해 IQ가 낮아서 큰일이에요. 이번에 학교에서 지능지수 검사를 했는데 평균 수준으로 나왔다더군요. 요즘 애들 다 머리가 좋다는데, 우리 아이 과연 좋은 대학에나 갈 수 있을지 걱정입니다."

자녀의 지능지수 검사 결과를 본 후 밤잠을 제대로 못 잔다는 어느 학부모의 이야기다.

"저랑 제일 친한 친구는 IQ가 138이라는데 저는 100을 간신히 넘는 정도예요. 어쩐지 공부를 해도 매일 까먹고 열심히 외워도 돌아서면 다 잊어버려요. 어떡하지요?"

이런 고민을 안고 있는 아이들도 부지기수다. 하긴 친구보다 IQ가 나쁘다는데 마음이 편할 리 없다. 심지어 어떤 아이들은 낮게 나온 IQ만 보고 실망이 큰 나머지 지레 학업을 포기해 버린다. 머리가 나쁜데 공부를 해봤자 무슨 소용이냐는 식이다.

과연 지능지수의 높고 낮음이 학업에 큰 영향을 미칠까?

지능이 전부가 아니다

인간의 평균 IQ는 90~110포인트다. 또 90% 이상의 사람들이 IQ 70포인트에서 130포인트 사이에 분포하고 있다. 그만큼 모든 사람의 IQ는 대동소이하다는 것이다. 뿐만 아니라 지능지수 검사를 통해 알 수 있다는 그 지능은 인간 뇌가 지닌 능력의 극히 일부분에 불과하다.

그럼에도 불구하고 IQ 검사가 실시된 이래 많은 사람들이 자신의 IQ에 대해 지나친 확신 또는 쓸데없는 실망을 반복하고 있다. 시험 결과가 안 좋으면 머리가 나쁜 탓으로 돌리고, 공부를 잘 하는 아이에게는 남달리 머리가 좋다고 칭찬한다.

그러나 이것처럼 위험한 발상은 없다. 학업 성과와 미래의 성공에서 무엇보다 필요한 요소는 타고난 지능이 아니라 부단한 노력이다. 특히 자기 주도형 학습이 끝까지 성공을 거두기 위해서는 성실함으로 최선을 다하는 자세다. 때문에 머리가 좋다고 칭찬하는 것은 먼 미래까지 놓고 본다면 아이의 성공을 가로막는 것이나 다름없다.

내가 만난 준수라는 아이는 당시 중학교 3학년이었는데, 공부를 통 하지 않아도 시험은 용케 잘 보는 편이었다. 준수는 어릴 때부터 머리가 좋다는 칭찬을 자주 들었다고 한다. 초등학교 때는 따로 공부하지 않아도 언제나 우등생이었고, 중학교에 와서도 별다른 노력 없이 좋은 결과를 얻곤 했다. 결정적으로 중학교에 올라오자마자 치른 지능지수 검사에서 준수의 IQ는 141포인트라는 높은 수치를 보였다. 준수 부모님은 아이 머리가 좋은 것을 늘 자랑으로 삼았고, 그래서인지 준수는 시험이 코앞으로 닥쳐와도 전혀 시험 준비를 하지 않다가 바로 전날 벼락치기를 하는 습관을 갖게 됐다.

문제는 3학년 첫 중간고사에서 불거졌다. 여느 때와 마찬가지로 시험 날짜가 임박해도 범위조차 확인하고 있지 않던 준수는 시험 바로 전날 처음으로 참고서와 문제집을 펼쳤다. 그런데 이상하게 수학 문제가 도통 풀리지 않는 것이 아닌가. 예년에는 처음 보는 문제라도 참고서만 한번 쭉 훑어보면 바로 이해가 됐었는데, 이번엔 모든 문제가 낯설게만 느껴졌다. 수업시간을 떠올려 봐도 그 시간에 딴 짓을 했는지 도통 생각이 나지 않고 설상가상으로 저녁을 잘못 먹었는지 배까지 살살 아파오기 시작했다.

결과는 어떠했겠는가. 준수는 수학뿐 아니라 영어도 무려 20점씩이나 떨어진 성적표를 손에 받아들었다. 준수도 놀랐지만 아이보다 더 당황한 사람은 준수의 부모님이었다. 아이에게 무슨 문제가 생긴 건 아닌지 걱정스러웠지만 이유와 해결책을 몰라 난감하기만 하다고 했다.

사실 그동안의 준수의 행동을 볼 때 그러한 시험 결과는 너무도 당연했다. 어려서부터 미리 준비하고 공부하는 습관 자체가 몸에 배어 있지 않았으며, 여러 해 동안 벼락치기로 공부한 내용들이 머리에 남아있을 리도 만무했다. 비슷한 성적의 다른 아이들은 지식이 순차적으로 쌓여있지만, 준수는 그렇지 못했다. 다행히 중학교 2학년 정도까지는 벼락치기로도 높은 성적을 충분히 유지할 수 있었지만 고등학교 진학 바로 전 단계인 3학년에 와서는 그런 방법이 전혀 통하지 않았던 것이다.

현재 준수는 고등학교 2학년이다. 준수는 더 이상 자신의 '좋은 머리'를 믿지 않는다. 그 대신 그때의 경험을 바탕으로 평소 공부하고, 미리 준비하는 습관을 갖고 있다. 준수의 책상 앞에는 주간, 월간, 연간 계획표가 한 가득 붙어있다. 모두 준수가 심사숙고해 직접 만든 계획표다. 자신의 지능만 믿고 행운을 기다렸던 철없던 소년이 이제는 '노력 없이 결과 없다.'는 격언을 누구보다 잘 실천하고 있는 것이다.

성실함으로 승부하라

'인간의 능력은 무한하다!'

앞 단원에서 이미 중요하게 거론한 이야기다. 맞다. 인간의 능력은 감히 측정할 수 없을 정도로 무한하고 위대하다. 그런데 이 명제를 올바르게 받아들이기 위해서는 한 가지 짚고 넘어갈 것이 있다. 그 무한한 잠재력이 아무 순간에나 저절로 발휘되는 것은 아니라는 사실이다. 그래서 성공을 원한다면 어떤 누구를 막론하고 성실함을 무기로 노력이라는 과정을 거쳐야 하는 것이다.

아이가 노력과 실행의 중요성을 알고, 매 순간 목표를 향해 매진하도록 하기 위해 부모는 남다른 코칭을 할 필요가 있다. 가장 중요한 것은 머리를 믿지 말고, 노력을 믿으라고 가르쳐야 한다는 것이다. 아무리 칭찬을 아끼지 말아야 한다지만, 머리가 좋다는 칭찬만큼은 삼가야 한다. 그리고 노력하는 자만이 원하는 바를 이룰 수 있다는 사실을 자녀가 잊지 않도록 끊임없이 조언해야 한다.

그런데 노력이란 것도 '무작정' 해서는 별 도움이 되지 않는다. 노력이 진가를 발휘하기 위해서는 탄탄한 계획이 필수다. 다시 말하면 실행력을 상승시키기 위해서는 반드시 계획력이 뒷받침되어야 한다는 것이다. 목표가 명확하다고 해서 멀고 먼 목표를 향해 앞만 보고 달린다면 금세 지치고 말 것이다. 따라서 상위 목표, 하위 목표, 각 목표에 따른 세부 계획 등을 잘 설정해야 한다. 계획을 세우는 절차와 노하우에 대해서는 다시 설명하겠지만, 중요한 것은 자신의 상황에 맞는 계획을 세워야 한다는 것이다. 욕심이 앞서 무리한 계획을 세우면 도중에 포기하거나 좌절하기 십상이다. 합리적인 계획을 바탕으로 꾸준히 노력하는 습관을 갖는다면 어떤 어려움도 지혜롭게 헤쳐 나갈 수 있다.

한편 꾸준한 노력, 성실함과 끈기가 중요하지만 그에 못지않게 필요한 것이 휴식이다. 쉬지 않고 달린 후에는 적당한 휴식을 통해 재충전의 기회를 가지는 것이 반드시 필요하다. 아이에게 휴식을 권할 줄 아는 부모가 되어야 한다.

노력과 결과는 불가분의 관계다. 또한 성실함 없이 자기주도학습은 불가능하다. 내 아이가 긴 인생의 승자가 되기 원한다면 지금 성실함이라는 가치를 가르쳐라. 아이의 생물학적 지능지수는 중요하지 않다. 부단한 노력을 통해 그보다 훨씬 더 놀라운 능력을 갖게 될 것이다.

11 계획이 성패를 좌우한다

 세상 모든 일에는 계획이 필요하다. 계획 없이 하는 일치고 제대로 성과를 거두는 일은 거의 없다. 농부가 일 년 동안 곡식을 기르기 위해서도 계획이 필요하고, 부모가 아이를 바르게 성장시키기 위해서도 계획이 반드시 필요하다. 곡식은 봄에 씨를 뿌려 여름에 거두기 때문에 반드시 봄이 되기 전에 계획을 마련해야 한다.
 또 각 절기별로 날씨가 변화하고 식물의 생장 속도가 달라지기 때문에 어떤 일을 해야 할지 미리 알고 실천해야만 한다. 그래야만 가을에 풍성한 추수의 기쁨을 맛볼 수 있다. 이처럼 언제 어떤 계획을 세웠느냐 하는 것이 모든 일의 성패를 가름한다.
 자기주도형 학습이 성공을 거두기 위해서도 철저한 '계획'이 필요하다. 시시각각 실천할 수 있는 맞춤형 계획이 있어야 한다. 공부란 무조건 스스로, 열심히 한다고 해서 기대한 만큼의 효과를 거둘 수 없기 때문이다. 특히 다른 사람의 간섭 없이 아이 스스로 공부하도록 하기 위해서는 치밀하고 전략적인 계획이 먼저 수립되어야 한다.

그러나 대다수 학생들은 계획을 세우는 일에 그리 공을 들이지 않는다. 거기에 더해 '전략적 계획'이라고 하면 도대체 무엇을 의미하는지 전혀 알지 못한다.

일반적으로 학생들에게 계획을 세우라고 하면, 하루 또는 한 달의 단편적인 시간 계획표를 만들고, 마지막에 '○○는 반드시 이루자!'라고 쓴다. 그런데 이런 것은 엄밀한 의미에서 계획이라고 할 수 없다. 전략적인 계획은 더욱 아니다.

아이들이 계획을 이렇게밖에 수립하지 못하는 이유는 학교나 집에서 그에 대한 것을 전혀 배우지 못했기 때문이다. 누구나 초등학교에 입학하면 둥글게 원을 그리고 그 안에 선을 그어 적당히 칸으로 나누는 것을 배운다. 이렇게 하루 일과표 작성하는 법을 익히지만 그것으로 끝이다. 더구나 초등학교 1학년생은 나이가 어리기 때문에 심도있는 계획을 세우기 어렵다. 성장해서도 상황은 별로 다르지 않다. 제대로 된 계획을 세우는 일은 언제나 눈앞에 닥친 시험공부에 비해 별로 중요하지 않은 일일 뿐이다.

그러나 이제는 계획 수립 과정을 먼저 배우고 익혀야 한다. 계획에 따른 1시간의 공부는 계획 없이 하는 10시간의 공부보다 그 효과가 월등히 높을 수밖에 없다. 이렇듯 효율적이고 능률적인 공부는 계획이라는 기반이 있어야만 가능하다. 그것도 그냥 계획이 아닌 '전략적 계획'이어야 한다.

계획 세우는 법을 배우게 하라

미국의 유명한 저술가며 강연가인 데일 카네기(1888~1955)는 "하고자 하는 일은 착수하기 전에 반드시 충분히 연구하라."고 말했다. 또 중국 오나라 장군이며 병법가였던 손자(춘추시대)는 "적을 알고 나를 알면 백 번 싸워도 위험하지 않다."고 했다. 이 두 명언은 모두 전략적 계획의 가장 기본이라 할 수 있다.

단순히 오늘 할 일과 내일 할 일에 대해 생각해 보는 것은 계획이 아니다. 하고자 하는 일과 그 일을 하는 주체에 대해 먼저 깊이 있게 연구해야 한다. 학생이라면 하고자 하는 일은 당연히 공부이므로 공부에 대해 충분히 연구해야 한다. 이와 함께 그 일의 주체인 자신에 대해서도 잘 알고 있어야만 한다. 그래야만 비로소 전략적인 플래닝이 가능해지는 것이다.

아이와 함께 계획을 세울 때는 가장 먼저 자신에 대해 파악하는 시간을 갖도록 하라. 자신에 대한 모든 것을 생각해 보게 하는 것이다. 진정 원하는 것, 미래의 꿈, 잘 하는 일, 과거와 현재의 모습, 자기만의 가치관 등을 생각하고 연구하게 해야 한다. 이 과정을 통해 얻어야 할 것은 미래의 비전과 그것을 실현하기 위한 사명이다. 이것이 분명해야만 공부의 동기 또한 명확해지기 때문이다.

아이가 자신에 대해 파악했다면 이번에는 공부에 대해 연구할 차례다. 요새는 초등학생, 중학생의 공부라도 결코 만만하게 봐서는 안 된다. 힘든 고등학교 학업의 기반이 되기 때문에 미리부터 단단히 다져놓아야 하는 것이다.

공부를 어떻게 해야 할지 알기 위해서는 먼저 아이의 비전과 사명을 실현하는데 필요한 구체적인 학업성과를 알아야 한다. 필요한 업무능력과 그에 따른 대학 및 전공학과에 대해서도 정보를 모으도록 한다. 그래야 구체적인 학습목표를 설정할 수 있다.

이제 학습목표가 정해졌다. 그러나 이 목표를 바로 수용할 수는 없다. 아이의 현재 학력상태와 비교해 보아 실현가능성이 있는 수준의 목표로 수정해야 하기 때문이다. 그러기 위해서는 현재 학력상태를 각 시기별, 과목별로 일목요연하게 정리할 필요가 있다. 이를 통해 아이의 목표를 그야말로 '맞춤형 목표'로 수립할 수 있는 것이다. 모든 과정은 아이에게 전적으로 맡기고 부모는 의문점이나 모르는 부분에 대해서만 도움을 주는 정도가 좋다. 그래야만 아이가 자신의 목표와 계획에 대해 더 완벽하게 책임을 지고자 할 것이다.

아이에게 잘 맞는 중장기 목표를 세웠다면 이제 단기 목표와 계획을 세우는 단계다. 단기 목표와 계획은 생활 패턴에 맞게 최대한 효율적으로 설계해야 하는 점이 중요하다. 여기서부터는 더욱 합리적이고 구체적인 시간 관리기법이 필요해진다. 앞서 말한 시간의 중요성을 재차 상기시키고 아이의 학습능력과 집중력 등을 고려한 짜임새 있는 계획을 세워야 한다. 그러나 너무 무리한 수준의 계획은 예상치 못한 역효과를 낳을 수 있으므로 항상 유의해야 한다(보다 자세한 계획 수립 과정은 뒤에서 다시 설명하기로 하겠다).

단순히 시간대별 할 일을 적는 것은 계획이 아니다. 이렇게 충분한 고민의 과정을 거쳐야만 진정 실효성 있고 전략적인 계획이 탄생하는 것이다. 또한 그 계획을 실행에 옮길 때 비로소 전략의 효과가 발생한다는 점도 잊지 말아야 한다.

전략적 계획, 당장 시작해야 한다

학생이 학업을 잘 수행하기 위해서는 여러 가지 요소가 모두 충족되어야 한다. 우선 수업을 잘 들어야 하고 집중력, 암기력, 이해력 등이 뛰어나야 한다. 노력을 뒷받침하는 성실함도 갖춰야 하며 과목별 공부방법과 올바른 공부습관도 필수다. 그런데 이 모든 것을 원천적으로 가능하게 하거나 또는 불가능하도록 만드는 요소가 있다. 바로 계획이다.

계획을 통하면 위 공부요소들이 모두 유기적으로 만들어지고 활동하도록 할 수 있다. 올바른 공부습관, 자발적 학습, 성실함 등은 모두 계획을 통해 새로 만들고 다듬을 수 있다. 그리고 이 계획의 능력은 고학년으로 갈수록 더없이 중요해진다.

초등학교 시기에는 단순 암기력이나 단기 집중력 등이 학업 성과를 크게 좌우한다. 학업 과정이 단순하기 때문이다. 그러나 중학생만 되어도 그렇지 않다. 성실함과 공부습관, 과목별로 각기 다른 공부방법 등을 모두 알고 갖춰야 한다. 여기에 전략적인 학습계획이 차지하는 부분도 점차 커진다. 계획에 의해 자발적으로 공부하는 아이들이 늘어가고, 이렇게 자기주도학습을 하는 아이들이 상위권을 점하게 된다.

고등학교에 진학하면 전략적 계획이 학업의 최대 요소가 된다. 하루 스무 시간 가까이 공부해야 하기 때문에 자기주도적으로 하지 않으면 지쳐 나가떨어질 수밖에 없다. 때문에 계획하는 능력은 학업에서 무엇보다 중요한 능력이라고 할 수 있다. 내 아이가 계획력을 갖도록 해야 하는 이유가 여기 있다.

  인생의 큰 목표를 이루기 위해 원하는 대학에 진학하고자 한다면, 고등학교 이전에 스스로 계획을 세워 공부하는 습관을 가져야 한다. 그러기 위해서는 지금부터 바로 전략적 계획 수립의 단계로 올라서야 한다. 한번 해보는 것으로는 결코 습관이 될 수 없다. 수없는 시행착오의 과정을 거쳐 온전히 자신의 것으로 만들어야 한다. 전략적 계획, 당장 시작하지 않으면 늦는다.

Education Coaching Manual

03
목표가 의미하는 것들

꿈이 없다는 것은 자신의 삶에 대해 아무런 의미도 부여하지 못하고 있다는 뜻이다.

그러다 보니 하루하루 되는대로 살아가는데 익숙해져 있다.

아무 의미도 희망도 없는 것이다.

그러나 꿈이 있어야만 그에 따른 분명한 목표를 세우고,

목표에 맞춰 중장기 계획을 세울 수 있다.

또한 중장기 계획을 세운 후에야 그에 따른 단기 계획, 일일 계획을 세울 수 있는 것이다.

이런 과정이 없이는 절대 의미 있는 삶을 살지 못하며 무엇보다

현재 학업을 스스로 이끌어 나갈 수 없다.

>>>> Education Coaching Manual_chapter 03

12 너는 어떤 사람이니?

　자기주도형 학습을 체화하는 가장 첫 번째 단계는 바로 목표 설정 단계다. 목표를 명확히 설정해야만 방향성을 잃지 않고 자발적으로 학습할 수 있기 때문이다. 그런데 목표 탐색을 시작하기에 앞서 먼저 해야 할 일이 있다. 바로 자신에 대해 바로 아는 것이다.

　우리 아이들은 물론 이미 어른이 된 부모 역시 자신에 대해 정확히 알지 못한 채 일상을 살아간다. 그러나 내가 어떤 사람이고, 무엇을 좋아하며, 어떤 가치관을 갖고 있는지 잘 모르는 채 막연히 어떤 미래를 기대한다면 결코 좋은 결과를 얻을 수 없다. 목표를 세우는 것 역시 마찬가지다. 나의 강점은 무엇인지, 진정 원하는 미래는 어떤 것인지 파악해야만 비로소 반드시 이루고자 하는 목표를 설정할 수 있는 것이다.

　간혹 국내 유수의 명문대를 졸업하고, 남들이 부러워할만 한 전문 직업을 갖고 있으면서도 전혀 행복해 하지 않는 사람을 만난다. 심지어는 현재 직업을 접고, 다시 전문대학에 편입하는 이들도 있다. 그 이유는 바로 자신의 적성에 전혀 맞지 않는 직업을 선택했기 때문이다.

예를 들어 우리 자녀가 고교시절 학업 성적이 우수해 별 생각 없이 의대에 진학했다고 하자. 그런데 막상 전공 과정을 밟고 의사라는 직업을 가진 후에 자신이 비교적 소심한 성격을 지녔다는 사실을 알게 됐다면? 그래서 수술실에 한 번 들어갈 때마다 심장이 터질 것 같은 경험을 하게 된다면 어떻게 해야 할 것인가. 주변에서는 의사라는 직업을 부러워하며 존경과 찬사를 보낼 수 있지만 정작 본인은 조금도 행복하지 않은 삶을 살게 될 수 있다.

물론 자신의 직업이 적성과 너무나도 동떨어졌다는 사실을 확인하고 새로운 직업을 찾아 재교육을 받을 수도 있다. 그러나 오랜 시간 공들여 준비한 미래가 허사로 돌아가는 것은 그 사람의 인생 전체를 놓고 볼 때 엄청난 손실이 아닐 수 없다. 때문에 내 아이가 도중에 후회하거나 실패의 과정을 밟지 않고 인생의 큰 목표를 향해 한 발 한 발 나아가기 위해서는 무엇보다 자신에 대해 분명히 알 수 있도록 부모가 옆에서 도와줘야 한다.

너에 대해 생각해 봐

아이에게 가장 먼저 해야 할 질문은 "너는 어떤 사람이니?"이다.

매일 학교와 학원 수업에 지치고, 넘치는 과제를 처리하는 것으로 하루 일과를 마치는 아이들에게 자신의 존재에 대해 생각해 볼 시간과 기회는 거의 없었을 것이다.

"네가 누구냐?"고 갑자기 물어보면 놀라 당황할 수도 있다. 그럴 때는 왜 자신에 대해 잘 알아야 하는지 설명해 줘야 한다. 이렇게 말이다.

"자신의 가치관을 분명히 알고, 그에 따라 살아가는 사람만이 세상을 이끄는 유능한 리더가 될 수 있단다. 또 승자와 패자의 가장 두드러진 차이는 뚜렷한 가치관에 따라 행동을 결정하는 사람이야. 가치관을 알기 위해서는 어떻게 해야 하는지 아니? 바로 자신이 어떤 사람인지 잘 파악하는 거란다. 내가 누구인지 알면, 내가 중요하게 여기는 것을 알 수 있어."

자신의 존재를 파악하기 위한 가장 손쉬운 방법은 좋아하는 것과 싫어하는 것을 나누어 생각해 보는 것이다. 아이에게 좋아하는 영화, 음악, 책, 친구 등 아무 것이라도 좋으니 종이에 적어볼 것을 권한다. 싫어하는 음식, 자신의 얼굴 중 마음에 들지 않는 부분도 적어 본다. 그밖에 취미, 꼭 가보고 싶은 여행지도 생각해 보게 한다.

이제 '남들이 말하는 나'에 대해 생각해 볼 필요가 있다. 때로는 남들이 보는 내 모습이 보다 정확할 수 있기 때문이다. 이때는 표를 그려 아이에게 직접 써 보게 하는 것이 좋다. '남들이 말하는 내 장점'과 '남들이 말하는 내 단점'을 각각 생각해 보게 한다.

다음 순서는 과거, 현재, 미래의 나에 대해 생각해 보는 것이다. 이 역시 표로 그려 보면 훨씬 도움이 된다. '과거의 나'에 대해서는 화났던 일, 고통스러웠던 일, 인생의 5대 사건 등을 적어보도록 한다. '현재의 나'는 여러 가지 모습이 있겠지만, 그 가운데 가장 자랑스러울 때와 가장 실망스러울 때를 생각해 보도록 한다. 마지막으로 '미래의 나'와 관련해서는 꼭 이루고 싶은 것 세 가지와 미래 자신의 직업을 고민하도록 한다.

이 정도만 해도 아이는 이전에는 잘 몰랐던 자신의 모습에 적잖이 놀랄 것이다. 배고프면 밥 먹고, 졸리니까 자고, 공부하라면 맥없이 책상에 앉아 있었던 우리 아이가 이런 과정을 통해 자신에 대해 처음으로 깊이 생각해 보게 되는 것이다. 그야 말로 '나에 대한 재발견'이다.

너의 모습은 네가 만드는 거야

이제 재능을 발견할 차례다. 아이에게 강조할 것은 재능과 잠재력은 누가 대신 찾아주는 것이 아니라는 사실이다. 자신의 재능을 스스로 찾고 개발할 때 진정한 발전이 가능하다.

아이에게 자신이 잘하는 것을 최소한 세 가지 이상 찾아보게 한다. 잘 생각이 나지 않을 때는 아주 쉬운 일 또는 평소 별 것 아니라고 생각했던 일부터 찾아보게 한다. 엄마의 입장에서 볼 때 아이가 잘 하는 것을 말해 줄 수도 있다. 예를 들어 다른 사람의 이야기를 잘 들어준다든지, 요리를 잘한다든지 하는 것이다. "이렇게 작은 일도 너만의 강점이 될 수 있어."라고 말하는 것도 잊지 않는다.

다음은 가치관 알기 단계다. 이 세상에는 저마다 사람들이 중요하게 여기는 수많은 가치가 있다. 진실성, 성실성, 공정함, 용기, 건강 등 다양하다(98p 가치 프로세스 참조). 이 가운데 아이가 정말 가치 있고 중요하다고 여기는 것을 고르게 한다. 아이가 고른 것이 엄마의 가치관에 위배된다고 해서 다른 가치를 선택하라고 종용해서는 안 된다. 왜냐하면 이러한 가치에는 우열이 없기 때문이다. 다만 각 개인별 성향에 따라 중요하게 여기는 가치가 다를 뿐이다. 이렇게 가치를 선택하는 것은 우선순위를 정해야 하기 때문이다.

지금까지의 과정을 통해 아이는 이전에는 몰랐던 자신의 참모습을 알게 되었을 것이다. 이제 마지막으로 아이가 자신이 진정으로 원하는 것과 하고 싶은 일을 생각하는 단계다. 자신이 진정으로 원하는 것을 아는 사람과 모르는 사람은 아주 정반대의 삶을 살게 된다. 원하는 것을 아는 사람은 그것을 향해 열정적으로 매진해 마침내 자신의 것으로 만들지만, 자신이 뭘 원하는지 모르는 사람은 인생의 목표점 없이 방황하듯 살게 되는 것이다. 아이가 진정으로 원하는 것과 하고 싶은 일을 고민하고 있을 때 엄마는 마지막으로 한 마디 덧붙여줘야 한다.

"네 모습은 네가 만드는 거야."

나에 대해 알아보기 위해 생각할 것

1. 좋아하는 것과 싫어하는 것
2. 나의 성격 - 남들이 말하는 내 장점과 단점
3. 과거의 나 - 화났던 일, 고통스러웠던 일, 인생의 10대 사건
4. 현재의 나 - 가장 자랑스러울 때, 가장 실망스러울 때
5. 미래의 나 - 꼭 이루고 싶은 세 가지, 미래의 직업
6. 나만의 강점 찾기 - 잘하는 것 세 가지
7. 가치 프로세스 - 내가 가치 있게 여기는 것 다섯 가지
8. 내가 진정으로 원하는 것과 하고 싶은 일

가치 프로세스

진실성	끈기	공정함	성실성
조화	친구	개방성	사랑
연민	행복	자유	충성심
유머	헌신	책임감	가족
창조성	정식	봉사	존중
지식	용기	건강	관대함
신념	친절함	배려	

13 꿈 목록 만들어 보기

1994년 미국 로스앤젤레스. 열일곱 살의 존 고다드는 자기 인생을 통틀어 가장 중요한 계획을 세우기로 한다. 존은 종이 한 장을 펼쳐 놓고 '내 인생의 목표'라고 썼다. 그리고 제목 아래에 사는 동안 반드시 이루고 싶은 목표 127개를 적어 내려갔다.

그로부터 28년이 지난 1972년, 세계적인 탐험가가 된 존 고다드는 127개의 목표를 모두 이룬 사람으로 〈라이프〉지에 소개되었다. 그는 나일강과 아마존강은 물론 인도네시아 보루네오섬, 터키의 아라라트산 등 세계의 오지 수십여 곳을 탐험하고 원시부족의 치료법과 비행기 조종기술 등을 배웠다. 또 대학에서 강의하고 자신의 저서를 출간하기도 했다. 심지어 전 세계의 모든 국가를 한 번씩 방문하고, 배로 지구를 네 번이나 일주했다.

그가 이렇게까지 한 데에는 어린 시절의 경험이 이유가 됐다. '젊었을 때 그걸 했더라면…….' 이라고 말하며 한숨 쉬는 할머니의 모습을 보고, 자신은 절대 그런 후회를 하지 않겠다고 다짐했고 그 작은 결심을 일생동안 실천에 옮겼던 것이다.

"나는 127개의 꿈을 모두 이루는 데 급급하지 않았습니다. 다만 평생 동안 그렇게 살고자 노력했지요."

존의 고백은 꿈을 갖는 것이 왜 중요한지 보여준다. 존이 열일곱 살 때 인생의 목표 127개를 고민하지 않았다면 그의 인생은 지금과 180도 달랐을 것이다. 어쩌면 그의 할머니처럼 '젊었을 때 왜 그렇게 하지 않았을까?' 라며 후회하고 있을지도 모른다. 그러나 존은 어린 나이에 스스로 꿈의 목록을 작성하고 그것을 하나하나 실천에 옮겼던 것이다.

"난 틀에 박힌 삶을 원하지 않아요. 끊임없이 한계에 도전하며 살고 싶습니다."

그의 이런 가치관은 마침내 세상을 깜짝 놀라게 했고, 무엇보다 존 자신에게 남다른 인생을 선물했다.

꿈은 이뤄진다

많은 사람들이 '성공하고 싶다.' 고 생각한다. 성공의 의미는 물론 사람마다 다르다. 부를 축적하는 성공, 명예를 얻는 성공, 자신이 원하는 일을 하는 성공 등 각양각색이다. 하지만 모든 이에게 똑같이 적용되는 것이 한 가지 있다. 바로 꿈을 가진 사람만이 성공할 수 있다는 것이다.

이제는 모르는 사람이 없는 이야기지만, 2002년 한일 월드컵 당시 한국 축구팀의 4강 신화는 '꿈은 이뤄진다.' 는 확신이 있었기에 가능했다. 비단 월드컵 축구만의 이야기는 아니다. 흑인 지도자 마틴 루터 킹 목사가 "나에게는 꿈이 있습니다."라고 말한 바로 그 순간 흑인들은 비로소 자신에게 인권이 있음을 깨닫고, 그 인권을 지켜낼 수 있음을 확신했다. 당시에는 누구도 장담하지 못했던 일이 한 사람의 꿈으로 인해 현실이 된 것이다.

흔히 '요즘 청소년들은 꿈이 없다.'는 말을 많이 한다. 꿈이 없다는 것은 자신의 삶에 대해 아무런 의미도 부여하지 못하고 있다는 뜻이다. 그러다 보니 하루하루 되는대로 살아가는데 익숙해져 있다. 아무 의미도 희망도 없는 것이나.

그러나 꿈이 있어야만 그에 따른 분명한 목표를 세우고, 목표에 맞춰 중장기 계획을 세울 수 있다. 또한 중장기 계획을 세운 후에야 그에 따른 단기 계획, 일일 계획을 세울 수 있는 것이다. 이런 과정 없이는 의미 있는 삶을 살기 어려우며 무엇보다 현재 학업을 스스로 이끌어 나갈 수 없다.

지금 당장 아이에게 '꿈이 무엇이냐?'고 물어보기 바란다. 아마 열에 아홉은 그런 건 생각해 보지 않았다고 대답할 것이다. 이런 상황에서는 자발적으로 공부하고, 미래를 계획하는 일은 거의 불가능하다. 자기주도형 학습이 불가능하다는 얘기다.

어린 시절 작성한 꿈의 목록 127개를 모두 실현한 존 고다드의 일화는 꿈꾸는 것이 우리 인생에서 얼마나 중요한지 보여준다. 지금 당장 내 아이에게도 꿈의 목록을 작성하게 하자. 중요한 것은 단순히 고민하는 데서 그쳐서는 안 된다는 것이다. 종이에 적어 문서로 간직해야만 그 꿈이 힘을 발휘할 수 있다. 잊지 않고 항상 실천할 수 있기 때문이다.

꿈의 목록을 작성할 때는 적어도 서른 가지 이상은 적어 보도록 조언한다. 당장 이번 달 안에 하고 싶은 일, 20대 30대에 이뤄야 할 일, 더 나이 들어 달성할 수 있는 목표 등 인생의 각 시기별로 구분해 작성하는 것도 좋은 방법이다.

지금도 늦지 않았다. 아이가 자신의 꿈이 무엇인지 알게 하자. 그리고 그 꿈의 목록을 소중히 간직하도록 하자.

꿈은 구체적이고 현실적으로

그런데 꿈을 생각해 보는 일에도 몇 가지 지켜야 할 규칙이 있다. 지나치게 허황되거나 구체적이지 못한 꿈은 그야말로 한낱 몽상에 불과해 질 수 있기 때문이다.

꿈의 목록은 첫 번째, 구체적으로(Specific) 작성해야 한다. 구체적이지 않은 목표는 실현 가능성이 희박하다. 그러므로 아이에게 최대한 구체적으로 생각해 볼 것을 주문한다. 예를 들어, '새 자전거를 구입하기 원한다.' 거나 '반에서 성적 우등생이 되겠다.' 는 식이다.

두 번째, 꿈의 목록은 측정 가능하게(Measurable) 작성해야 한다. 꿈과 목표는 정확한 수치로 표현했을 때 비로소 현실성을 갖는다. 만일 마음의 변화를 목표로 삼았더라도, 그로 인해 드러나는 행동의 변화나 눈으로 확인할 수 있는 상황을 표현하도록 한다. 만일 새 자전거를 구입하고자 하는 꿈이 있다면 '나의 목표는 앞으로 석 달 안에 새 자전거를 구입하는 것이다.' 라고 적는 것이다. 또 성적 우등생이 되고자 한다면 '상위 10% 안에 드는 성적 우등생이 되겠다.' 라고 작성하도록 하면 된다.

세 번째, 획득할 수 있는(Attainable) 범위 내에서 생각해야 한다. 다시 한번 강조하지만 목표는 실천을 전제로 해야 한다. 실천 여부를 먼저 고민해 보고 목표를 설정해야 한다. 예를 들어 '6개월 안에 새 자전거를 사기 위해서는 매월 10만 원씩 저축해야 한다.'거나 '성적 우등생이 되기 위해서는 국·영·수 등 주요과목에서 90점 이상 점수를 받아야 한다.'는 등으로 설계해야 한다.

네 번째, 현실성(Realistic) 여부를 고려하도록 해야 한다. 꿈이 현실의 한계를 넘어서는 것이라고는 하지만, 현실적으로 아예 불가능한 일을 꿈의 목록에 넣는 것은 별 의미가 없다. 목표가 망상 또는 공상과 다른 점은 현실적으로 실현이 가능한 것이기 때문이다. 따라서 앞서 예로 든 내용을 목표로 설정한다고 할 때, 아르바이트 보수와 용돈을 모아 한 달 10만 원 저축이 가능한지, 평균 점수를 지금보다 10점 올리는 것이 가능한지 등을 먼저 고려하도록 조언해야 한다.

다섯 번째, 시간의 적절성을 고민해야 한다. 아무리 꿈과 목표를 이뤘다 하더라도 시기가 너무 늦다거나, 적절한 기간 내에 달성한 것이 아니라면 의미가 반감될 수 있다. 때문에 목표를 설정할 때는 반드시 시간의 적절성을 고민하도록 조언해야 한다. 적절한 시간 설정은 목표 달성의 가치를 한층 높이는 효과를 갖는다. 성적 우등생을 목표로 한다면, '학기 말 시험에서 상위 10%의 성적 우등생이 되겠다.'고 표현하도록 해야 한다.

다시 말하면 꿈의 목록은 최대한 구체적으로, 측정가능하게, 획득할 수 있는 것을, 현실적으로, 시간의 적절성을 고려하여 작성하도록 하는 것이 중요하다. 이 같은 몇 가지 규칙을 염두에 두고 목록을 작성하도록 하되, 아이가 최대한 자유로운 분위기에서 자신의 꿈을 생각할 수 있도록 도와줘야 한다.

한편 아이가 목록을 작성할 때, 부모가 나란히 꿈의 목록을 작성하는 것도 좋은 경험이 될 수 있다. 가족이 다함께 한다면 꿈을 통해 비전과 사명을 구체화할 때 더욱 큰 효과를 거둘 수 있을 것이다.

존 고다드의 꿈의 목록 中 일부

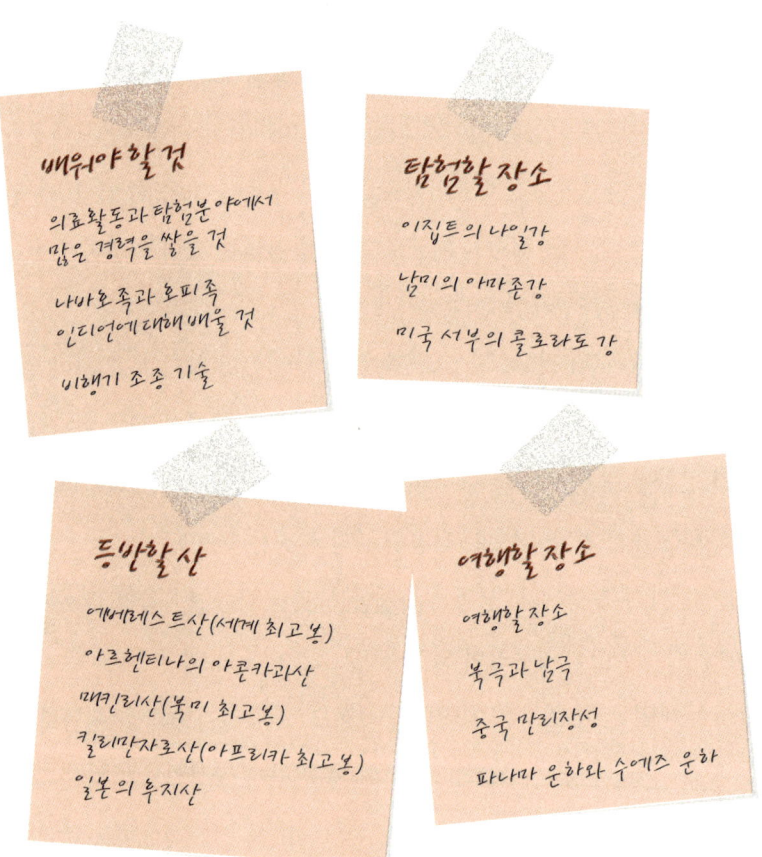

14 의미있는 삶을 위한 사명과 비전

요즘 직장인 가운데 퇴사나 전직을 고려하는 이들은 흔히 "이곳에는 비전이 없어!"라고 말한다. 공무원 시험을 준비하거나, 특별한 자격증을 취득하고자 하는 이들도 "비전이 보이지 않아 그 일을 도저히 계속 할 수 없었다."고 이야기한다. 비전은 우리 사회에서 흔히 '전망'이라는 의미로 쓰이며, 대체로 다른 사람이 만들어 주는 것으로 받아들여지고 있다. 또 학업, 취업 등의 문제에 매우 큰 영향을 미친다. 도대체 비전이란 우리에게 무엇이기에 인생의 갈림길마다 이렇듯 중요하게 작용하는 것일까.

비전(vision)은 한 마디로 인생의 목표이지 자신이 다다르고자 하는 앞날의 모습이다. 미래에 존재하기 원하는 분명한 그림이다. 목표라는 측면에서는 앞서 이야기한 꿈과 비슷하지만 자세히 살펴보면 조금 다르다.

꿈은 가치 기준과 상관없이 원하는 대로 가질 수 있지만 비전은 일생을 두고 견지해 나갈 가치 기준에 반드시 부합해야 한다. 또한 꿈은 자신이 바라는 만큼 다양하게 지니면 되지만, 비전은 그렇지 않다. 비전은 여러 가지 꿈의 목록 가운데 가장 중요한 한 가지로, 일생동안 반드시 이루어내야 할 목표를 말한다. 때문에 비전이 있는 사람과 없는 사람은 삶을 대하는 태도가 다르다.

예를 들어 미국의 자동차 왕 헨리 포드는 젊은 날 마차를 보다가 '나는 말 없이도 가는 물건을 만들고야 말겠다.'고 다짐한다. 여기에서 비전이 생겨난 것이다. '모든 평범한 사람들이 자동차를 타는 세상', 그것이 바로 헨리 포드의 비전이었고 그는 결국 자신의 비전을 이뤄냈다.

우리 아이들도 미래의 비전을 고민해 보도록 코칭할 필요가 있다. 청소년기에 비전을 세우기는 쉽지 않을 수도 있다. 그러나 자신만의 분명한 비전을 만들어 내지 못하더라도, 비전은 남이 알려주는 것이 아니라 스스로 세우고 마음에 새겨야 한다는 사실만큼은 알려 줄 필요가 있다. 왜냐하면 비전이 있을 때 비로소 현재 자신의 모습을 되돌아 볼 수 있고, 원하는 방향으로 성장하기 위해 더 노력할 수 있기 때문이다. 무엇보다 비전이 있는 삶이야말로 진정 의미 있는 삶이기 때문이다.

다소 시간이 걸리더라도 자신의 비전에 대해 눈을 감고 생각해 보게 하자. 아이에게 미래의 그림을 그려 보게 하는 것이다. 앞날에 대한 청사진이 명확할 때, 청소년기를 어떻게 보내는 것이 옳은지 깨달을 수 있을 것이다. 이 때 부모가 가족의 비전에 대해 함께 생각해 보는 것도 좋은 방법이 될 수 있다.

비전과 사명이 성공으로 이끈다

비전을 설정했다면 이제는 사명에 대해 생각해 볼 순서다. 자신이 다다르기 바라는 미래의 모습이 비전이라면, 사명(mission)은 이를 실현하기 위해 취해야 할 행동지침이라고 할 수 있다. 또한 비전이 극히 개인적인 것이라면 사명은 사회와 연관되어 있다. 자신을 둘러 싼 가족, 사회 안에서 반드시 해야 할 역할과 그것에 대한 행동 선언과 같은 것이다.

사회적으로 성공한 사람들 가운데 사명이 분명하지 않은 이는 드물다. 역사적으로 위대한 인물 역시 마찬가지다. 아브라함 링컨은 미합중국의 분열을 막는 것을 자신의 사명으로 삼고 이를 위해 최선을 다했다. 넬슨 만델라의 사명은 인종차별을 종식시키는 것이었다. 난관 앞에서 이들을 다시 일으켜 세운 것은 다름 아닌 사명이었다. 사명이란 사회 속에서 자신이 해야 할 의무이자 미션이기 때문이다.

위대한 인물 뿐 아니다. 학교 성적이 우수한 학생들도 자신만의 사명을 마음속에 지니고 있는 경우가 많다. 가장 흔한 예로 가정 형편이 어려운 청소년 가운데 유난히 열심히 공부하는 아이들을 볼 수 있다. 이 아이들은 자신의 어깨에 가족의 미래가 달렸다는 사실을 어려서부터 깨달았기 때문에 반드시 성공하겠다는 열정이 남다른 것이다. 또 사회봉사나 종교 활동을 통해 고통받고 어려운 이웃의 모습을 알게 된 청소년들 가운데는 어린 시절부터 남다른 사명을 마음속에 지니는 경우가 적지 않다.

다시 말해 사명은 '하고 싶은 일'이 아니라 '해야 할 일'이다. 내가 하고 싶고 원하는 일이라기보다는 힘들더라도 세계와 인류를 위해 공헌해야 할 부분인 것이다. 따라서 단순한 꿈이나 개인적인 비전보다는 훨씬 가치 있는 일이다.

그런 만큼 사명이 분명한 사람은 불가능할 것처럼 보이는 일 앞에서도 결코 주저하거나 좌절하지 않는다. 또한 어린 시절부터 자신의 사명에 대해 고민해 본 사람은 짧은 시간도 결코 허투루 쓰지 않는다. 다른 사람을 위해 해야 할 일이 있고, 그 일을 하기 위해서는 지금부터 차근차근 준비해 나가야 하기 때문이다.

사명은 일종의 존재 가치

내 아이가 정말 공부를 잘 하기 원한다면, 다른 무엇보다 사명을 먼저 일깨워주어야 한다. 왜 열심히 공부해야 하는지 스스로 깨닫게 하는 것이다. 이야말로 더없이 좋은 동기부여 방법이다.

사명 역시 종이에 적어 간직하는 것이 훨씬 효과적이다. 바로 '사명선언서' 다. 목표를 향해 가는 길이 너무 힘들어 포기하고 싶은 순간, 자신의 사명선언서를 보며 열정을 다시 일깨울 수 있기 때문이다. 나 역시 가족과 함께 사명선언서를 작성해 플래너 안에 항상 간직하고 있다. 때로 일상이 고되고, 지쳤다고 생각될 때 사명선언서를 펼쳐 읽으며 새로운 에너지를 얻곤 한다.

자녀와 함께 사명선언서를 작성할 때는 아이 스스로 충분히 생각할 시간을 갖도록 하는 것이 필요하다. 차분히 명상하도록 하고, 사회와 인류를 위해 무엇을 하면 좋을지 생각해 보도록 한다. 더 작게는 가족과 친구를 위한 사명을 생각할 수도 있다. 중요한 것은 자신의 존재가치와 이유에 대해 깨닫는 것이다.

그런 다음 단 몇 줄의 문장으로 자신의 사명을 표현할 수 있도록 한다. 테레사 수녀처럼 '굶주리고 가난한 사람에게 자비와 연민을 베푸는 것'일 수도 있고, 미국의 루즈벨트 대통령처럼 '미국 경제 대공황에 종지부를 찍는 것'일 수도 있다.

사명선언서가 한낱 종잇조각이 되지 않기 위해서는 그것에 진심이 담겨 있어야 한다. 선언서라고 해서 지나치게 거창한 미션을 생각할 필요는 없다. 아주 작은 일이라도 자신이라면 할 수 있는 일, 다른 사람 아닌 자신만이 해낼 수 있는 일을 찾도록 하는 것이 중요하다.

여기에 더해져야 할 것은 부모의 아낌없는 격려다. 아이가 찾아낸 사명에 대해 "정말 훌륭한 일이구나, 너라면 반드시 해낼 수 있을 거야!"라고 따뜻하게 지원해줘야 한다. 그래야만 아이는 계획을 세우는 과정에서도 성취감과 만족감을 얻을 수 있게 되며, 그것은 앞으로 계획을 실천하는 동안 가장 큰 힘으로 작용할 것이다.

> **사명선언서 작성할 때 생각할 것**
> 1. '비전'은 자신이 미래에 다다르고자 하는 모습
> 2. '사명'은 사회와 인류를 위해 공헌할 의무이자 미션
> 3. '사명선언서'는 비전을 실행으로 옮길 행동선언서
> 4. '사명선언서'는 향후 인생의 행동 좌표

15 멘토와 함께라면 힘들지 않아

영화 〈굿 윌 헌팅〉에는 천재적인 소년 윌 헌팅이 등장한다. 윌은 남들에게는 너무 어려운 수학 문제도 거뜬히 풀고, 한 번 본 것은 완벽히 외워내는 탁월한 두뇌를 가졌다. 그러나 어린 시절의 암울한 기억으로 인해 지금은 아무런 목적도 없이 무기력하고 폭력적으로 살아가고 있다. 그런 윌에게 삶의 진정한 의미를 깨닫게 되는 계기가 찾아온다. 바로 숀 맥과이어 교수와의 만남이다. 맥과이어 교수는 윌의 잠재력을 알아차리고 그의 손을 잡아주고자 애쓴다. 처음에는 마음의 문을 열지 않았던 윌도 맥과이어 교수와 지속적으로 만남을 가지며 점차 변화되는 자신의 모습을 느낀다.

맥과이어 교수의 진심어린 충고는 결국 윌에게 삶의 의욕과 비전을 선물한다. 무기력하게 안일한 현재를 살고 있던 그는 마침내 대학의 장학금 제의를 받아들여 새로운 인생을 찾아 길을 떠난다.

이 영화에서 주인공 윌은 자신의 잠재력을 발견하지 못하고 하루하루 무의미한 일상을 살아가고 있었다. 그런 그에게 맥과이어 교수는 지속적인 상담을 통해 삶의 의미가 무엇인지 깨닫도록 해 준다. 바로 비전을 보게 해 준 것이다. 아무리 천재 소년이라고 해도 혼자서는 할 수 없었던 일이었다. 여기서 맥과이어 교수는 바로 윌의 멘토라고 할 수 있다. 윌이 자신의 삶을 개척할 수 있도록 진심으로 가르치고, 열정적으로 도움을 준 인생의 참스승이기 때문이다.

현명한 스승에게 조언을 구하라

멘토(mentor)는 현명한 스승, 연장자, 지도자, 친구 등의 의미를 지니고 있다. 멘토라는 말은 그리스 신화에서 유래했다. 이타카 왕국의 오디세우스 왕은 트로이 전쟁에 참전하기 전, 자신의 아들을 가장 친한 친구인 멘토에게 맡긴다. 멘토는 오디세우스의 아들에게 부모, 선생, 친구의 역할을 하며 10년 간 잘 키워낸다. 전쟁이 끝난 후 집으로 돌아온 오디세우스는 누구보다 반듯하게 자란 아들의 모습을 본다. 이때부터 '멘토'는 '훌륭한 스승'의 의미를 갖게 됐다.

이외에 멘토가 오디세우스의 아들에게 했던 것과 같은 교육을 '멘토링'이라고 하고, 오디세우스의 아들처럼 멘토의 가르침을 받는 입장의 사람을 '멘티(mentee)'라고 한다. 멘티는 제자, 후배의 의미를 갖는다.

청소년기에 멘토를 만드는 것은 여러 가지 면에서 매우 중요하다.

먼저 모델링의 측면이다. 청소년기에는 오랜 고민 끝에 자신의 꿈과 비전을 마련한다 해도 그것을 구체화하기는 상당히 어렵다. 여러 가치를 판단하기에는 인생의 경험도 짧을뿐더러 어떤 과정을 거쳐 자신의 비전이 현실이 되는지 알기 어렵다. 이럴 때 모범이 될 만한 인물을 마음에 두고 그의 모습을 닮는 것은 매우 유용한 방법 중 하나다.

예를 들어 사회봉사를 하는 삶을 비전으로 삼았다고 할 때, 다양한 사회봉사의 모습 가운데 어떤 일을 하면 좋을지 선뜻 판단하기 어렵다. 실행하는 과정도 잘 모르지만 자신과 맞는 분야를 찾는 것도 쉽지 않다. 이럴 때 다양한 사례를 먼저 찾아보고 그 가운데 자신의 모델이 될 수 있는 사람을 가까운 곳에서 찾아 멘토로 삼을 수 있다. 직접 만나보기 힘들 때는 단순히 모델링만 해도 상관없다. 이런 모범 사례를 통해 올바른 방향을 정립할 수 있으면 그것으로 충분하다.

상담과 고민 해결의 측면에서도 청소년기에 멘토는 반드시 필요하다. 성적문제는 물론, 성격 형성과 관련한 문제, 이성문제 등도 모두 고민의 대상이다. 고민이 마음에 쌓여 있으면 자신의 역할에 충실하지 못하고, 공부 역시 뒷전이 될 수밖에 없다. 때문에 이런 고민들은 적절한 상담을 통해 너무 늦지 않게 해결해 주어야 한다. 멘토의 이러한 역할은 부모나 선생님이 해 줄 수 있으면 더 없이 좋지만 아이들이 쉽게 마음을 털어놓지 않는 경우에는 특정 단체의 상담교사 등이 멘토로서의 역할을 대신해 줄 수 있다.

상담을 통해 고민을 해결한다는 측면에서 멘토는 자신보다 사회 경험이 많고 연륜이 있는 연장자가 적당하지만 때에 따라서는 마음이 맞는 친구도 충분히 멘토의 역할을 할 수 있다. 꿈과 비전을 찾아가는 길에 의지가 되고 도움을 얻을 수 있는 사람이라면 누구라도 멘토가 될 수 있다. 이 경우에는 반대로 생각해 보면 우리 아이가 다른 누군가의 멘토가 될 수도 있을 것이다.

청소년기에 특히 멘토가 필요한 이유는 앞 단원에서 설명했던 다양한 가치 가운데 과연 어떤 것을 자신의 인생에서 중요한 가치로 삼을지 결정해야 하는 시기이기 때문이다. 물론 어느 것이 더 중요한지에 대한 판단은 필요 없다. 정직함, 성실성, 관대함, 자유, 헌신 등 여러 가지 가치 가운데 진정 원하는 것을 발견해내야 한다. 그러기 위해서는 자기 내면의 소리에 귀 기울이고 자신보다 현명한 이의 조언을 바탕으로 한껏 고민해 봐야 한다. 이 모든 일들은 멘토와 함께 할 때 더욱 바람직한 성과를 거둘 수 있다.

멘토 정하기

우리 아이도 자신만의 멘토를 정하도록 하자. 사명과 비전을 실현하고, 계획을 실행하는 과정에서 큰 도움을 얻을 수 있을 것이다.

아이에게 멘토의 존재에 대해 잘 설명하고, 스스로 멘토를 정할 수 있도록 한다. 만약 친구 또는 선생님을 멘토로 정했다면, 왜 자신의 멘토로 결정했는지 그 이유를 분명히 하도록 한다. 진정 모범이 되고 현명한 조언을 얻을 수 있다고 아이 스스로 생각해야만 적절한 순간에 필요한 도움을 받을 수 있다.

멘토를 정했다면, 계획의 실천 과정과 결과를 평가할 때 멘토와 함께 할 수 있도록 하라. 적어도 일주일에 한 번 정도는 함께 시간을 가질 수 있도록 물심양면으로 지원하라. 물론 혼자서 자발적으로 하는 공부인 만큼 평가도 혼자 할 수 있어야 한다. 그러나 그 과정을 멘토와 함께 한다면 보다 객관적인 평가를 내릴 수 있고, 시행착오에 대해 현명한 조언도 얻을 수 있다.

멘토는 역할의 특성상 멘티와 아주 가까운 곳에 있을수록 효과가 높아진다. 그런 측면에서 부모가 자녀의 멘토가 되는 것이 가장 이상적이라 할 수 있다. 실제로 잭 웰치 등 세계 유명 CEO들은 자신의 멘토로 어머니, 아버지를 꼽기에 주저하지 않는다. 가까이에서 보며 인생의 모델로 삼고, 크고 작은 위기가 닥칠 때마다 부모의 조언을 가장 큰 신념으로 삼았다는 것이다. 아이가 부모를 멘토로 삼도록 하기 위해서는 항상 모범적인 모습을 보여야 한다는 사실을 잊지 말자.

16 공부? 하고 싶은 만큼만 하자

이제 아이에게 한번 질문해 보자.

"네가 가진 꿈과 비전 그리고 사명을 꼭 이루고 싶니?"

지난 순서에서 꿈의 목록을 작성하고, 비전과 사명을 진지하게 고민해 본 아이라면 당연히 "그렇다."고 대답할 것이다.

"그것들을 이루기 위해 지금 네가 해야 할 일은 뭘까?"

이 질문에 대해 대부분의 아이들은 주저 없이 '공부'라고 대답할 것이다. 미래의 목표를 이루기 위해 학생 신분에서 할 수 있는 가장 현명한 일이 공부라는 것은 아무리 '공부와 담 쌓은' 아이라도 정확히 알고 있는 사실이다.

이제부터가 중요하다. 지금까지의 과정은 모두 이 한 마디를 하기 위해 준비한 것이라고 해도 과언이 아니기 때문이다. 아이에게 이렇게 말하는 것이다.

"좋아. 그럼 네가 하고 싶은 딱 그만큼만 공부하기로 하자. 어때?"

공부 목표는 최대한 구체적으로

자녀에게 "이제 그만 쉬고 공부 좀 해라!"라고 말해보지 않은 부모는 아마 없을 것이다. 그만큼 부모에게 있어 공부는 '시키는 것'이고, 자녀에게는 '시켜서 할 수 없이 하는 것'이다. 한 반 아이들 모두에게 물어봐도 자기가 하고 싶어서, 하고 싶은 만큼 공부한다는 아이는 그 중에 한두 명 될까 말까 할 것이다.

원치 않는 시간에, 하기 싫은 공부를 하는 것만큼 괴로운 일이 어디 있을까. 또 시키는 부모 마음도 결코 편치 않다. 그런데도 일반 가정에서는 이런 악순환이 계속되고 있다. 이유는 아이가 하고 싶은 공부를 하고 싶은 만큼 할 수 없는 시스템이기 때문이다.

앞서 이야기했던 '스스로 하는 공부가 진짜 공부'라는 이야기의 핵심이 바로 여기 있다. 그냥 스스로 하는 것이 아니라 스스로 학업 목표를 세우게 하는 것이다.

사명선언서를 실현하기 위해 지금 할 일이 '공부'라고 대답한 아이에게 이렇게 물어보자.

"네 비전과 목표를 이루기 위해 어떤 고등학교와 대학교에 진학하면 좋을까? 그리고 무슨 학과를 전공하는 것이 유리하겠니?"

바로 구체적인 공부 목표와 계획을 스스로 설계하도록 하는 것이다. 사명과 비전을 설정하는 과정에서 특정 직업을 염두에 두었다면, 이 과정을 보다 쉽게 진행할 수 있다. 그렇지 않다면 지금부터라도 구체적인 직업을 고민하는 것도 좋은 방법이다.

학습 플래너 또는 아무 종이라도 좋다. '내가 가고 싶은 학과', '내가 가고 싶은 대학교', '내가 가고 싶은 고등학교'를 적어보도록 한다. 각 항목에 대해서는 그렇게 생각한 이유도 함께 설명하도록 한다. 무슨 일이든 이유가 분명해야 목표도 명확해지기 때문이다.

이 과정에서 반드시 염두에 두어야 할 것은 진학하고자 하는 학교와 전공에 대해 부모 입장에서 강요하는 일은 없어야 한다는 것이다. 아이가 충분히 생각할 시간을 갖도록 하고, 아이의 호기심과 질문에 대해 정확하게 조언해주는 것만이 부모의 할 일이다.

만약 대학의 전공학과를 선택하는 과정에서 특목고에 진학하는 것이 유리하다고 판단되면, 여러 특목고 가운데 어떤 학교가 좋을 것인지도 생각해 본다. 일반 고등학교와 달리 특목고 진학은 학업 성적에 크게 좌우되므로 중학교 입학 시기부터 미리 준비해야 하기 때문이다.

이렇게 아이가 원하는 대학과 전공, 고등학교 등을 결정한 뒤에는 이를 위해 얻어야 할 학업 성적에 대해 구체적으로 생각해 보는 시간이 필요하다. 당장 다음 학기의 목표 성적을 설정하는 것은 물론 장차 고등학교에 진학해 수능과 내신 성적을 어느 정도 얻어야 하는지도 미리 알아둘 필요가 있다. 중장기 목표를 수립해야만 단기 목표 설정이 가능하기 때문이다.

이 과정에서는 최대한 폭넓게 정보를 수집하고 그에 따라 구체적인 학업 목표를 수립해야 한다. 아이와 함께 인터넷 관련 사이트와 교육 전문신문, 서적 등을 찾아본다면 보다 많은 정보를 얻을 수 있을 것이다.

성적분석표로 알아보자

목표 성적을 설정하는 과정에서 빠뜨릴 수 없는 것이 있다. 바로 자신의 현재 위치를 파악하는 것이다. 현재 학력 상태를 모르는 상태에서 목표를 세운다는 것 자체가 어불성설이다.

학력 상태를 파악하기 위해서는 전체 성적과 각 과목별 성적 등 아이의 전체 학력 상태를 분석해야 한다. 먼저 지난 1~2년간의 학교 성적표를 모두 꺼낸다. 만약 중학교 3학년 2학기 중간고사를 앞두고 있다면, 중학교 2학년 각 학기 중간고사와 기말고사, 3학년 1학기 중간고사와 기말고사 시험 성적표를 분석하는 것이다. 이때는 그냥 눈으로 살펴보는 것보다 표나 도표를 그려 보는 것이 한층 효과적이다. 아이와 함께 국어, 수학, 영어 등 각 과목별 성적을 시기별로 표를 구성해 적어 본다. 이렇게 하면, 각 시험별 평균 점수는 물론 과목별 평균 점수도 쉽게 알 수 있다.

이제 눈에 띄는 부분이 있을 것이다. 바로 아이가 잘 하는 과목과 못 하는 과목이다. 평소에도 막연하게 생각하고는 있었겠지만, 이렇게 분석하면 보다 확실하게 인식할 수 있다. 여기서 잘 하는 과목은 전략과목으로 두고, 못 하는 과목은 취약과목으로 설정해 각각 따로 관리한다면 보다 효과적으로 공부할 수 있게 된다.

전략과목은 현재 성적을 안정적으로 유지하는 데 도움을 주는 과목이다. 일종의 효자종목인 셈이다. 그렇다고 해서 소홀히 했다가는 한 순간 낭패를 볼 수 있다는 사실을 유념하자. 어떤 공부든 성적을 올리기는 어렵지만, 떨어지는 것은 한 순간이다. 꾸준히 공부해 현재 실력을 유지하도록 해야 한다.

취약과목은 향후 전체 성적 향상을 위해 주력해야 하는 과목이다. 그러나 미술이나 음악 등 실기 위주 과목은 아무리 성적이 취약하다고 해도 주력해 공부할 필요가 없다. 수능에서 배점이 높은 주요과목 위주로 취약과목을 구성해 계획에 반영하도록 한다.

이렇게 현재 학력 상태를 알고 난 뒤에는 목표 성적과 그에 따른 계획을 세우기가 한결 수월해진다. 자신에게 적절한 목표 성적을 아이 스스로 찾도록 해야 한다. 그래야만 공부하는 매 순간 아이는 '내가 하고 싶은 만큼 공부하는 것'이라고 생각하게 된다. 여기까지가 자기주도학습의 첫걸음인 목표 설정 단계다. 이 과정까지 잘 따라와 준 아이를 칭찬하는 것도 잊지 말자. 목표를 수립했다면 이미 반은 성공한 것이나 다름없다.

성적분석표 예시

시기 과목	2학년 1학기		2학년 2학기		3학년 1학기		평균
	중간	기말	중간	기말	중간	기말	
국어							
영어							
수학							
도덕							
사회							
—							
—							
—							
평균							

Education Coaching Manual

04
시간을 관리하는 방법

평상시 자기주도학습의 핵심은 공부시간 확보다.

공부시간이 먼저 결정된 후에야 다른 계획을 차근차근 마련할 수 있는 것이다.

그런데 그에 앞서 아이가 현재 자신의 시간을 어떻게 사용하고 있는지 분석할 필요가 있다.

그래야만 좀 더 합리적인 플래닝이 가능하기 때문이다.

우선 한 주를 기본 단위로 해 아침 일곱 시부터 밤 열두 시까지의 시간표를 그리도록 한다.

이 표는 시간을 계획하는 표가 아니라, 일종의 '시간 사용표'다.

중학생이라면 아침부터 오후 서너 시까지는 학교 수업과 등하교 시간으로 채워질 것이다.

이후 학원 강의를 듣는다면 귀가시간은 오후 일곱 시 정도가 될 것이다.

여기까지는 고정시간이므로 이후 자율시간을 어떻게 사용하고 있는지

살펴보는 것이 중요하다.

>>>> Education Coaching Manual_chapter 04

17 가장 소중한 일을 먼저 하는 거야

    자기주도학습의 첫걸음이 목표 설정이었다면, 이제 목표를 향해 한발 한발 앞으로 나아가는 과정이 필요하다. 다시 말해 설정한 목표를 잘 관리하는 것이다. 그런데 이 목표 관리라는 것은 사실 '시간 관리'에 다름 아니다. 시간 계획을 잘 세우고, 계획을 훌륭하게 실행에 옮기는 것이다. 앞서도 말했듯 언제 어느 때나 '시간을 잡는 사람'이 승리하기 때문이다.

    많은 사람들이 습관적으로 '시간이 부족하다.'는 말을 한다. 그러나 정말 시간이 부족해 할 일을 못하고, 좋은 성과를 만들어내지 못하는지에 대해서는 다시 생각해 볼 일이다. 왜냐하면 같은 시간에 이루어내는 성과가 사람마다 제각각이기 때문이다. 그런데 제각기 다양한 성과의 이면을 들여다보면 한 가지 중요한 사실이 눈에 뜨인다. 바로 '시간'을 대하는 사람들의 태도에 따라 최종적인 성과가 결정된다는 것이다. 시간을 합리적으로 관리하고, 자투리 시간도 효율적으로 사용하는 사람이라면 결코 시간이 부족하다는 말을 하지 않는다.

그러나 지금 이 시간이 가면 또 다른 시간이 오겠거니 하는 생각으로 매 시간을 허투루 쓰는 사람치고 최종 승자의 자리에 오르는 이는 드물다. 결과적으로 목표한 바를 실행에 옮기지 못하는 이유는 대부분 '시간이 부족해서'가 아니라 '시간 관리를 제대로 하지 못해서'다.

우선순위를 정하라

시간 관리를 잘 한다는 것은 계획표를 빡빡하게 짜서 일 분 일 초도 쉬지 않고 하루 종일 공부만 한다는 의미가 절대 아니다. 그런 방법은 전혀 효율적이지 않을뿐더러 사람을 지치게 해 오히려 시간을 낭비하는 결과를 초래할 수도 있다. 따라서 합리적으로 시간을 관리하기 위해서는 다른 측면에서 시간을 바라봐야 한다. 무조건 아껴 쓰는 게 아니라 어떻게 쓰느냐 하는 것이 관건인 것이다.

> 가장 소중한 것이 가장 사소한 것에 의해 좌우되어서는 안 된다.
> ─ 괴테

시간 관리의 핵심이 되는 말이다. 이 말은 과연 무슨 뜻일까.

사람은 누구나 24시간을 똑같이 공유한다. 이것을 분으로 환산하면 1,440분이다. 아무리 전교 석차가 우수한 우등생이라 해도 그 이상의 시간을 살 수는 없다. 반대로 아무리 성적이 낮은 학생이라도 하루 1,440분

보다 시간을 적게 쓰는 것은 아니다.

그런데 사람에게는 누구나 사회 안에서의 역할에 따라 '고정시간'이라는 것이 있다. 수면시간, 식사시간, 업무시간 등 이미 정해져서 개인의 재량대로 쓸 수 없는 시간이다. 여기에 더해 직장인이라면 출퇴근 시간과 회사에서 근무하는 시간이 고정시간이고, 주부라면 가사노동에 사용하는 시간이 고정시간일 것이다.

학생에게는 학교 수업시간, 등하교에 걸리는 시간, 학원가는 시간, 잠자는 시간, 밥 먹는 시간 등이 이미 정해져 있다. 중요한 것은 하루 24시간 중 이 고정시간을 제외한 나머지 자율시간이다. 이 시간을 어떻게 활용하느냐에 따라 인생이 달라진다고 해도 과언이 아니다. 따라서 자율시간을 잘 배분해 쓰는 것이 관건인데, 이때 소중한 것과 사소한 것을 구별해 쓰는 것이야 말로 시간 활용의 첫 번째 비결이다. 다시 말하면 모든 일에 '우선순위'를 매기고 그 순서에 따라 일을 처리하는 것이다.

우선순위를 매기는 일은 간단하다. 앞 단원에서 생각했던 꿈과 비전, 사명에 부합하는 일이 우선 처리해야 할 소중한 일이고, 그렇지 않은 일은 사소한 일이다. 소중한 일이 사소한 일에 의해 좌우되어서는 안 되는 만큼 항상 소중한 일을 먼저 한다는 마음가짐으로 시간 계획을 수립해야 한다.

성적 상위권 학생들의 공부 비결은 따로 있는 것이 아니다. 인생 전체를 놓고 볼 때 중요한 일과 그렇지 않은 일을 잘 구분하고, 자신의 가치에 따라 소중한 일을 먼저 하는 것이 바로 최고의 공부 비결인 것이다. 이제 내 아이에게도 그 비법을 전수하자. 한 마디면 충분하다.

"가장 소중한 일을 가장 먼저 하는 거야!"

시간관리 매트릭스

아이를 코칭할 때는 막연히 소중한 일과 사소한 일에 대해 생각하기 보다는 '시간관리 매트릭스'를 그려보도록 하는 것이 더 효과적이다. 일상생활 중 자연스럽게 하고 있는 여러 가지 일을 4개의 블록으로 구분해 보는 것이다.

먼저 제1블록에는 중요하고도 급박한 일을 적도록 한다. 예를 들면 시험준비, 영어 쪽지 시험, 수학 단원평가, 예습과 복습 등이다. 이 일들은 당장 해결해야 하는 일이기도 하지만 사명을 이루기 위해서도 반드시 필요한 일이다.

제2블록은 중요하지만 급하지 않은 일이다. 운동과 독서 등이 여기에 해당한다. 오늘 하루 운동을 빠뜨린다고 해서 큰 낭패를 보는 것은 아니지만, 공부와 체력은 불가분의 관계이므로 기초체력을 꾸준히 다져놓은 것은 더없이 중요한 일이다. 독서 역시 마찬가지다. 대입 수능시험에서 논술이 차지하는 비중이 점차 높아지고 있다. 때문에 초등학교와 중학교 과정에서 독서를 게을리 한 학생이 나중에 높은 논술점수를 받기란 하늘의 별따기보다 어렵다. 운동, 독서 외에도 제2블록에 해당하는 일을 더 생각해 보도록 한다.

제3블록은 중요하지는 않지만 급박한 일을 적어 본다. 밀린 과제와 각종 준비물 체크, 별로 중요하지 않은 약속 등일 것이다. 이런 일들은 당장 눈앞에 놓여 있어 시각을 다퉈 해결해야 하지만 실제로 그리 중요한 것은 아니다.

마지막 블록은 중요하지도 않고 급하지도 않은 일이다. 아이는 굳이 조언하지 않아도 TV 시청, 컴퓨터 게임, 웹서핑 등을 떠올릴 것이다. 이밖에도 각자의 생활 패턴에 따라 4블록에 적어 넣어야 하는 일의 항목이 더 있을 것이다.

이제 이상 네 개 블록 가운데 우선순위를 순차적으로 정하는 일이 남았다. 이 역시 아이 스스로 생각해 보도록 한다. 무엇을 먼저 하는 것이 자신의 가치관에 부합하고, 꿈과 비전을 이루는 데 유리한지 말이다.

특별한 경우가 아니라면 대부분의 아이들은 제1블록이 1순위라고 대답할 것이다. 그 다음은 2블록과 3블록 가운데 우선순위를 정하는 것이다. 많은 사람들이 급한 일이라는 이유로 3블록에 속하는 일을 먼저 해결해야 한다고 생각한다.

그러나 바로 이 지점에서 승자와 패자가 나뉜다고 해도 과언이 아니다. 성공한 사람, 성적이 우수한 학생들은 2블록을 더 우선순위에 둔다. 그렇다. 올바른 방법은 당장 급하지 않더라도 가치 있고 더 중요한 일을 먼저 하는 것이다. 앞서 예로 든 운동과 독서는 기초가 매우 중요한 일이다. 하루 이틀에 끝날 일도 아니다. 지속적으로 노력해야만 오랜 시간이 흐른 뒤에 성과를 얻을 수 있는 일인 만큼 어떤 일보다도 우선순위에 두어야 한다.

앞으로 공부 목표에 맞춘 시간 계획표를 세울 때에도 이 '시간관리 매트릭스'는 반드시 염두에 두도록 해야 한다. 성공적인 학습은 시간 관리에서 출발하고, 시간 관리는 우선순위를 어떻게 정하고, 실천하느냐에 달렸다는 사실을 잊지 말아야 한다. 내 아이가 매 순간 소중한 일을 먼저 하면 성공적인 학습, 성공적인 인생은 저절로 만들어진다.

시간관리 매트릭스

제1블록 중요O / 급O 예) 시험, 영어 쪽지시험, 수학 단원평가	**제2블록** 중요O / 급X 예) 운동, 독서
제3블록 중요X / 급O 예) 밀린 과제, 준비물 체크, 친구와의 약속	**제4블록** 중요X / 급X 예) TV 시청, 컴퓨터 게임, 웹서핑

1 2
3 4

시간, 어떻게 사용하고 있니?

이제 구체적인 시간 계획 즉 플래닝을 시작할 단계다. 플래닝은 크게 학기 중 공부계획과 방학 중 공부계획으로 나눌 수 있다. 학기 중 공부계획은 다시 평상시와 시험 준비기간으로 구분해야 한다. 이렇게 세부적으로 구분해 계획하는 이유는 각 시기별로 중점을 두어야 할 항목과 공부방식이 달라지기 때문이다. 시험 준비기간과 방학 중 공부계획은 다음 단원에서 설명하기로 하고 여기서는 평상시 공부계획을 먼저 세워보도록 하자.

평상시 자기주도학습의 핵심은 공부시간 확보다. 공부시간이 먼저 결정된 후에야 다른 계획을 차근차근 마련할 수 있는 것이다. 그런데 그에 앞서 아이가 현재 자신의 시간을 어떻게 사용하고 있는지 분석할 필요가 있다. 그래야만 좀 더 합리적인 플래닝이 가능하기 때문이다.

우선 한 주를 기본 단위로 해 아침 일곱 시부터 밤 열두 시까지의 시간표를 그리도록 한다. 이 표는 시간을 계획하는 표가 아니라, 일종의 '시간사용표'다. 중학생이라면 아침부터 오후 서너 시까지는 학교 수업과 등하교 시간으로 채워질 것이다. 이후 학원 강의를 듣는다면 귀가시간은 오후 일곱 시 정도가 될 것이다. 여기까지는 고정시간이므로 이후 자율시간을 어떻게 사용하고 있는지 살펴보는 것이 중요하다.

자율시간을 사용하는 모습은 아이마다 제각각일 것이다. 학교와 학원 과제를 하느라 시간을 다 소비하는 경우도 있을 것이고, TV 시청이나 웹서핑을 주로 하는 아이도 있을 것이다. 친구와 만나거나 가족들과 대화하는 시간으로 채워질 수도 있다. 그러나 예습과 복습에 많은 시간을 할애하는 아이는 극히 드물 것이다.

시간 사용 내역은 학교, 학원, 과제물, 예습, 복습 등 각 항목별로 통계를 내 살펴볼 필요도 있다. 한 주 동안 어떤 활동에 가장 많은 시간을 사용하고 있는지 알아보는 것이다. 이때는 둥근 원그래프를 그려 보는 것도 효과적이다. 어떤 것이나 이미지를 통해 접근하면 보다 쉽게 이해가 된다.

예를 들어 하루 24시간씩 일주일 7일을 계산하면, 한 주 사용 시간은 총 168시간이다. 이 시간을 둥근 원으로 표시하고, 가장 많이 사용하는 활동 항목 순서대로 그래프를 채워보는 것이다. 이 과정을 통해 아이는 자신의 소중한 시간을 어떻게 사용해 왔으며, 앞으로 그 시간을 어떻게 활용하는 것이 좋을지 분명하게 인식할 수 있게 된다.

'시간 사용표'로 공부목표시간 설정

한 주간의 시간 사용현황을 알아봤다면 이제 '공부목표시간'을 정할 차례다. 공부목표시간은 당연히 자율시간 안에서 설정해야 한다. 이때 처음부터 너무 무리하게 목표시간을 책정하면 오히려 역효과가 날 수 있으니 실현 가능한 범주에서 공부목표시간을 설정하는 것이 중요하다.

굳이 기준치가 필요하다면, 개인마다 약간씩 차이는 있겠으나 중학생의 경우 하루 평균 3시간 이상을 목표시간으로 정할 것을 권한다.

그런데 이렇게 말하면 '학교와 학원에서 그렇게 오랜 시간 공부했는데 또 3시간 이상 공부할 필요가 있겠는가?' 라고 묻고 싶은 이도 있을 것이다. 하지만 앞서도 말했듯 학습이라는 것은 단순히 배우기만 해서 이뤄지는 것이 아니다. 배운 후 스스로 익히는 시간이 반드시 필요하다.

어떤 부모는 '우리 아이는 학원 마치고 집에 오면 이미 10시가 넘어 3시간 공부는 무리'라고 말할 수도 있다. 과외를 지나치게 많이 해 자율시간이 전혀 없는 아이들도 있다. 이 경우는 학원에 투입하는 시간을 과감히 줄이라고 말하고 싶다. 아무리 많은 지식과 정보를 제공한다고 해도 아이가 온전히 제 것으로 만들지 않으면 모두 무용지물이다. 특히 일부 학원과 과외의 요점정리식 강의는 아이의 자기주도학습을 가로막는 크나큰 방해물이다. 최대한 스스로 공부할 수 있도록 환경을 조성해 주는 것이 부모의 몫인 만큼 지나친 학원, 과외 활동은 순차적으로 정리해 줄 필요가 있다.

공부목표시간을 정할 때 역시 아이 스스로 고민해 결정할 수 있도록 기다려 줘야 한다. 만일 아이가 하루 1시간만 공부하기를 원한다면, 그렇게 하도록 내버려 두라. 사실 공부시간보다 더 중요한 것은 어떤 마음가짐으로 공부에 임했는가 하는 것이기 때문이다. 부모는 다만 꿈과 비전에 대한 열정을 재차 확인시켜주기만 하면 된다.

평균 공부목표시간을 설정했다면, 이후에는 주간 단위로 공부목표시간과 공부실제시간을 체크해 나갈 필요가 있다. 한 주가 시작할 때마다 그 주의 목표시간을 계획하고, 일주일 간 생활한 후 실제 공부한 시간을 체크하는 방식이다.

공부시간 주간 관리표

요일	월	화	수	목	금	토	일
자율시간							
공부목표시간							
공부실제시간							

주간 자율시간		주간 공부목표시간		주간 공부실제시간	

계획은 월간·주간·일간 단위로

평상시 공부계획은 앞서 수립한 '공부목표시간'을 토대로 해 월간, 주간, 일간 단위로 수립하도록 코칭한다.

이 중 월간 계획은 월간 목표, 이달의 전략과목과 취약과목 등을 중심으로 짠다. 예를 들어 새 학기가 시작하는 3월이라면 이달의 '월간 목표'는 '알찬 학교생활과 공부계획의 성실한 실행'이라고 정할 수 있다. 전략과목에 대해서는 해당 과목과 그 과목의 특정 공부계획을 마련하는 것이다. 예를 들어 전략과목이 국어과목이라면 '첫 단원의 관련도서 읽기' 등으로 설정하면 된다. 아이의 현재 상황에 따라 스스로 고민해 정하도록 하는 것을 잊지 않는다.

　주간 계획은 월간 목표를 참고해 해당 주간에 해야 할 주간 목표를 설정하고, 한 주간의 세부적인 활동계획을 마련하는 것이다. 한 주 동안 해야 할 일을 과목별, 요일별로 파악해 적고, 각 활동에 대해서는 우선순위를 표시해 둔다. 이 과정에서 특히 신경 써야 할 부분은 주간 공부목표시간과 공부실제시간 그리고 그에 따른 자투리시간을 파악하는 것이다.

　일간 계획 역시 큰 틀은 다르지 않다. 그날의 활동 계획과 목표공부시간, 실제 공부시간 등을 적고, 각 활동의 우선순위, 진행정도도 함께 표시하도록 한다. 시간관리 매트릭스 제2블록에 해당하는 운동, 독서 등의 활동에 대해서도 체크할 수 있는 항목을 마련해 둔다.

　시험을 앞두고 벼락치기 한 공부는 당시 시험 점수를 아무리 높게 얻었다 하더라도 금세 잊어버리고 만다. 때문에 평상시 짜임새 있는 계획을 통해 꾸준히 실력을 다져놓는 것이 무엇보다 중요하다.

　한편, 평상시 공부에서 예습과 복습의 중요성은 수십 번 얘기해도 부족하지 않다. 아무리 많은 공부시간을 확보한다 해도 학교 수업시간을 능가할 수는 없다. 때문에 수업시간 중 공부에 몰입하는 것이 공부를 잘하는 가장 지름길이 될 수밖에 없으며 수업시간에 집중하기 위해 반드시 필요한 것이 예습이다.

　예습은 먼저 대단원의 제목을 확인하고, 중단원과 소단원을 차례로 파악하도록 한다. 그 다음, 수업 진도에 맞춰 한번 정도 눈으로 훑어주는 것만으로 수업 시간에 훨씬 더 이해가 쉬워질 것이다. 이렇게 주요과목을 중심으로 하루 30분 정도 예습하는 습관을 들이도록 한다.

복습의 노하우는 수업시간의 분위기를 그대로 되살리는 것이다. 선생님의 목소리, 칠판 글씨, 중요하다고 언급한 부분 등에 대한 기억을 되살리며 그날의 진도 부분을 다시 읽어보는 것만으로도 훌륭한 복습이 될 수 있다. 여기에 관련된 문제를 스스로 찾아 풀어보는 심화학습이 더해지면 시험 기간에 굳이 밤새워 공부하지 않아도 충분히 높은 성적을 받을 수 있을 것이다.

19 알고 보면 어렵지 않은 시험 준비

초등학교 고학년생은 물론 중학생들도 시험이 다가오면 극도로 긴장하기 마련이다. 아직 시험이라는 것에 대해 충분히 적응하지 못했기 때문이다. 이런 아이에게 부모가 시험에 대비하는 특별한 플래닝을 조언한다면, 아이는 분명 이전과 다른 성과를 거둘 수 있을 것이다.

시험 준비기간에는 평상시와 다른 학습 방법이 필요하다. 학기 중 시험 준비기간은 총 8주라고 할 수 있다. 중간고사, 기말고사 등 한 시험에 대해 준비기간 3주와 시험기간 1주 합쳐 총 4주의 기간이 소요되고, 한 학기에는 두 차례 시험이 실시되기 때문이다.

따라서 특별한 공부계획을 가져야 하는 기간은 생각보다 짧지 않으며, 이 기간 동안 지구력을 갖고 계획을 실행에 옮기는 것이 최대 관건이다.

시험이 다가오면 대개 초조한 상태가 되어 평상시보다 더 공부에 집중하기 힘들어한다. 그러나 시험 3주 전, 2주 전, 1주 전 그리고 시험 당일 각각 지켜야 할 원칙과 계획에 따라 실천한다면 시험 준비도 그리 어렵지 않다.

시험 3주 전 해야 할 일

시험이 3주 앞으로 다가왔을 때 가장 먼저 할 일은 시험 관련 정보를 정확히 수집하는 것이다. 시험 기간, 시간, 범위는 물론 문제 수, 문제유형까지도 최대한 파악하도록 조언한다.

시험 관련 힌트는 시험 1~2주 전에 집중적으로 주어지므로 수업시간에 이전보다 한층 더 집중해야 한다. 선생님의 말 한 마디가 곧 시험 힌트가 될 수 있으므로 절대 한 눈 팔지 말 것을 당부한다.

시험 범위 중 모르는 내용은 이 시기에 모두 해결할 수 있도록 궁금한 것은 최대한 질문하는 것이 좋다. 과거 기출문제를 통해 문제유형을 파악하는 것도 필요하다. 선배나 학원을 통해 미리 정보를 수집할 수 있도록 한다.

앞 단원에서 알아본 자신의 취약과목과 전략과목을 구분해 공부 전략을 세우는 것도 이 시기에 할 일이다. 각 과목별 과거 시험점수와 목표점수를 설정해 한 눈에 볼 수 있도록 잘 정리해 둔다.

시험 범위를 전체적으로 파악한 후에는 과목별 개념 정리에 돌입해야 한다. 교과서와 자습서 등을 바탕으로 원리를 이해하는 학습을 시작하도록 한다. 반면 영어와 한문의 경우는 단어카드를 미리 만들도록 한다. 이렇게 만들어 놓은 카드는 자투리 시간을 이용해 외우는 것이 좋다.

시험 2주 전 해야 할 일

시험 2주 전은 본격적인 시험공부를 시작할 때다. 시험 2주 전 공부는 다음 세 부분에 주력할 필요가 있다. 문제 풀이, 암기과목 공부 그리고 페이퍼 정리다.

문제 풀이는 지난 주간에 이해한 개념과 원리를 바탕으로 한다. 문제 풀이에도 일종의 노하우가 있다. 먼저 문제집에 실린 문제들을 아예 모르는 문제, 헷갈리는 문제, 더 이상 안 봐도 되는 문제로 분류한다. 그 다음 모르는 문제와 헷갈리는 문제 위주로 풀고 채점한다. 틀린 문제들에 대해서는 오답노트를 만든다. 마지막으로 시험 직전에는 오답노트를 중심으로 다시 공부하고 문제를 풀어보도록 한다.

두 번째는 암기과목 공부다. 암기과목만큼 단시간에 성적을 올릴 수 있는 과목이 없다는 사실에 주목할 필요가 있다. 암기과목은 기본적으로 페이퍼 정리를 이용해 공부하도록 조언하되, 그밖에도 몇 가지 비결을 활용하도록 한다.

암기는 열 번 읽는 것보다 한 번 쓰는 것이 훨씬 효과적이다. 또 어려운 말은 쉬운 말로 바꿔서 외운다. 몇 가지 키워드를 중심으로 외우는 것도 방법이다. 마지막으로, 외운 것은 문제를 만들어 풀어본다든지 하는 방식으로 바로 그 자리에서 다시 확인한다.

시험 2주 전 공부 중 빠뜨리지 말아야 할 페이퍼 정리는 교과서, 노트, 각종 수업자료를 모두 자세히 검토하고 이해한 후에 시작하도록 한다. 각 단원의 중요한 소주제별로 한 눈에 보기 쉽게 요약한다.

이렇게 정리한 페이퍼는 시험에 임박해 아주 긴요한 학습자료로 활용할 수 있다.

시험 1주 전 해야 할 일

시험이 코앞으로 다가왔다. 이제부터는 실전을 준비해야 한다. 이때는 부모, 친구, 선생님 등의 역할이 한층 중요해지는 시기다. 공부에 지친 아이를 격려하고, 공부 상황을 체크해 줄 수 있는 멘토가 가장 필요한 시기인 것이다. 그런 만큼 성적 향상을 위한 조력자, 인생의 선배로서 아이를 코칭하고 멘토링할 수 있도록 부모도 함께 노력해야 한다. 친구와 함께 공부하며 긍정적인 경쟁관계를 유지하는 것도 성적 향상에 도움이 될 수 있다.

그동안에는 최대한 편안한 마음가짐으로 시험을 준비해 왔다면, 시험 1주 전에는 반대로 적당한 긴장이 필요하다. 우선 지난 주간에 만들어 둔 페이퍼를 중심으로 암기한 내용을 다시 정리도록 한다. 그리고 각 과목별로 모아 두었던 기출문제와 심화문제를 풀어본다. 문제 풀이 과정에서 자주 틀렸던 문제, 헷갈렸던 문제를 다시 확인하는 것도 잊지 말아야 한다. 이렇게 다양한 문제를 풀어 본 후에는 아이 스스로 시험 문제 출제자의 입장이 되어 문제를 만들며 공부하도록 돕는다.

시험 당일 해야 할 일

마침내 시험일이다. 시험일에는 최대한 편안하고 여유 있는 마음을 갖는 것이 중요하다. 이날의 공부는 주로 확인학습이다. 아주 짧은 시간동안 마지막 마무리를 하는 것이므로 요약 페이퍼, 오답노트 등을 위주로 점검하도록 한다. 그간 친구와 함께 공부했다 하더라도 이날만큼은 쉬는 시간 등에 혼자 조용히 공부하도록 조언한다. 그 어느 때보다도 집중이 필요한 때이기 때문이다.

시험 당일 반드시 염두에 두어야 할 항목은 다음과 같다. 아이 혼자 체크하기 어려울 수 있으니 이 부분은 부모가 함께 확인하도록 하자.

첫째, 시간 여유를 갖고 입실하도록 한다. 시험 시작시간에 임박해 교실에 들어가면 긴장이 한층 더해져 실력을 제대로 발휘할 수 없다.

둘째, 페이퍼와 핵심노트를 잊지 않고 챙긴다. 시험 당일 공부할 수 있는 시간은 고작 쉬는 시간 정도로 그리 넉넉하지 않다. 짧은 시간동안 최대한 효과적으로 공부하려면 요약 페이퍼, 핵심노트, 오답노트를 잊지 않고 챙겨야 한다.

셋째, 시험에 필요한 필기도구를 미리 준비한다. 지우개나 펜은 여벌을 반드시 준비하도록 한다.

넷째, 마지막 문제까지 먼저 파악한다. 긴장한 바람에 문제를 끝까지 풀지 않고 답안지를 제출하는 경우가 종종 있다. 이름과 번호 등을 정확히 확인하고, 뒷면에 문제가 있는지 먼저 확인한다. 배점이 높은 문제, 어려운 문제는 별도로 표시해 두고 차근차근 풀도록 한다.

다섯째, 모든 시험을 마칠 때까지 답을 확인하지 않도록 한다. 시험 한 시간이 끝날 때마다 친구들과 삼삼오오 모여 답안을 확인하느라 쉬는 시간을 낭비하는 경우가 적지 않다. 그 시간에 다음 시험을 준비하는 것이 훨씬 중요하다는 사실을 잊지 말도록 당부한다.

이제 시험이 모두 끝났다. 아이가 최선을 다한 것이 분명하다면 충분히 칭찬하자. 아이 스스로도 이전에 했던 공부와 비교해 훨씬 체계적이며 자발적인 학습이었다는 사실을 인식할 것이다. 이 같은 과정을 한번 거치며 아이는 훌쩍 자란다. 다음 시험 준비기간에는 부모의 코칭 없이도 더 잘 해낼 수 있을 것이다.

20 '방학 건전지'로 충전하자

 청소년을 키우는 부모 입장에서 방학보다 난감한 기간은 없을 것이다. 입이 닳도록 잔소리를 해도 하루 종일 잠만 자거나 TV에 아예 쏙 빠져버린 아이가 있는가 하면, 친구들과 놀러 다니기에 여념 없는 아이도 있다. 남자 아이라면 하루 너덧 시간 인터넷 게임을 하지 않으면 오히려 이상하다. 심하게 야단을 치고, 이리저리 달래 봐도 개학 바로 직전까지 상황은 변하지 않는다. 이쯤 되면 도대체 어떻게 해도 계획적인 방학은 불가능할 것처럼 보인다.

 그런데 의외로 부모 못지않게 아이들에게도 이런 방학 기간이 스트레스다. 방학 내내 '공부 좀 하라.'는 주변의 압박은 어떻게 버텨본다고 해도, 개학 후 밀물처럼 밀려올 게 분명한 후회는 벌써부터 가슴을 답답하게 짓누른다. 지겹도록 낮잠을 자고, 평상시의 두세 배 게으름을 피우며 지내면서도 결코 즐겁거나 편하지 않다. 이유는 아이들 스스로도 방학을 그런 식으로 보내는 것이 옳지 않다는 사실을 알고 있기 때문이다.

문제는 머리로 알고 있는 것을 몸이 전혀 따라주지 않는다는 데 있다. 학기 중의 피로한 생활 탓도 있지만 '방학=쉬는 기간' 이라는 등식이 이미 습관처럼 굳어버린 탓이다. 무엇보다 길고 긴 방학을 책임지는 특별한 플래닝이 부족하다.

방학은 성적향상의 도약기

학기 중에는 '방학만 시작하면 이것도 하고, 저것도 하리라.' 고 마음속으로 단단히 계획을 세우지만 막상 생각한대로 알찬 방학을 보내는 일은 극히 드물다. 처음 며칠만 놀고, 그 다음부터는 차분히 밀린 공부를 하리라 다짐해 보지만, 하루가 이틀 되고 이틀은 또 열흘이 된다. 결국 아무 것도 이루지 못한 채 개학을 맞이하는 심정은 암담하기 그지없다.

성공적인 방학을 보내려면 먼저 방학기간의 중요성을 실감해야 한다. 방학을 알차게 보낸 아이들은 개학 후 학습 면에서나 자기관리 면에서 훌쩍 자라있는 모습을 보인다. 한 달 반 이상의 긴 여유시간인 만큼 평상시 공부 계획에서 놓쳤던 부분이나 취약과목에 대한 집중적인 학습이 가능하기 때문이다. 때문에 방학 중 훌륭한 시간 관리는 다음 학기의 좋은 성과를 위한 밑거름이다.

방학 계획을 세우기에 앞서 아이와 방학의 의미에 대해 충분히 이야기 나눌 필요가 있다. 시간의 중요성을 인식하지 않고 아무렇게나 지낸다면 그리 긴 시간이 아닐 수도 있다. 그러나 앞서 시간 관리를 하며 살펴보았

듯 일주일은 168시간이라는 긴 시간이고, 한 달만 해도 무려 720시간이다. 그렇다면 시간으로 따져 거의 천 시간에 달하는 긴 시간을 자유롭게 지낼 수 있다는 얘기가 된다.

따라서 평상시 꽉 짜인 틀 안에서 생활할 때와 비교해 방학이라는 기간이 얼마나 자유로우며, 그만큼 자신의 의지대로 생활할 수 있는 기간임을 깨닫도록 하는 것이 중요하다. 방학 과제물을 하는 것도, 밀린 공부를 하는 것도 모두 자기주도적으로 할 수 있는 기간인 것이다.

무엇보다 학생에게 있어 방학이란 '충전지'의 의미라는 사실을 인식하도록 해야 한다. 비단 밀린 공부를 해야 한다는 뜻에서만이 아니다. 우리 아이들은 학기 중의 바쁜 생활로 몸은 물론 정신까지도 모두 지쳐있다. 때문에 방학 동안에는 알맞은 운동으로 지친 체력을 보완하고 깊은 사색과 독서로 심신을 단련할 필요가 있다.

방학은 긴 기간 동안 학교 수업이라는 정해진 틀 없이 생활하는 만큼 자기 시간을 스스로 관리하는 최고의 훈련 기간으로 삼을 수 있다. 이러한 훈련은 장차 고등학생이 되고 그 이후 성인이 되어서도 효과적으로 자기관리를 할 수 있는 바탕이 된다.

성공 방학의 원칙

성공적인 방학을 보내기 위해서는 몇 가지 지켜야 할 원칙이 있다.

첫 번째 원칙, 취약과목을 집중 공략한다. 자신의 취약과목에 대해서는 아이들도 이제 따로 말하지 않아도 알고 있을 것이다. 그런데 이 과목들을 보강하고 싶어도 학기 중에는 학교, 학원 등의 일정이 빠듯해 마음처럼 쉽지 않다. 그러므로 자율시간이 많은 방학은 취약과목을 보충할 수 있는 절호의 기회다.

취약과목의 경우 혼자 공부하는 것보다 학원이나 인터넷 강의의 도움을 받는 것이 더 효과적이다. 과목 전체가 취약할 수도 있지만, 전반적으로 잘 하는 과목 중에서도 특별히 성적이 낮은 단원이 있을 수 있다. 이 경우는 해당 단원의 주된 개념이나 원리 자체를 이해하지 못하고 있을 가능성이 높으므로 다른 이의 도움을 받는 것도 필요하다.

그렇다고 해서 이 과목은 학원을 다녀라, 과외를 하자 등 부모가 결정해 시킬 것이 아니라, 아이가 원하는 방법을 통해 공부할 수 있도록 한다. 학원, 인터넷강의, 독학 등 다양한 방법을 두고 아이와 충분히 논의해 결정하는 것이 좋다. 여러 취약과목 가운데 우선순위를 정한 뒤, 각 과목들에 대해 학습방법, 목표, 다짐 등을 설정해 체계적으로 공략하는 것이 좋다.

두 번째 원칙, 평소 하고 싶었던 취미활동을 실천한다. 한창 감수성이 예민한 청소년기인 만큼 다양한 예능활동을 하고 싶어 하지만, 학기 중에는 거의 불가능한 게 사실이다. 시간 빼앗긴다는 이유로 평상시 자녀의 취미활동을 막았던 부모라도 이 기간에는 적극적으로 지원해줄 필요가 있다.

기타 배우기, 인라인스케이트 타기 등은 아이의 몸과 마음을 풍요롭게 해 준다. 영어회화 배우기나 독서 등도 훌륭한 취미활동이 될 수 있다. 이 밖에도 체력을 증진시키는 데 도움이 되는 활동이 있다면 방학 중 취미생활로 매우 적절하다. 이렇게 방학 동안 '평소에 하고 싶었던 일'을 함으로써 학기 중에 학업 집중력을 보다 더 발휘할 수 있게 된다.

세 번째 원칙, 학기 중의 생활리듬을 그대로 유지한다. 사실 이 점이 가장 지키기 어려운 부분이다. 방학이 다가오면 어김없이 '방학하면 늦잠부터 자야지!' 하고 생각하기 마련이다. 그러나 하루 이틀 늦잠을 자다 보면, 나중에는 대낮이 되어도 침대에서 일어날 줄 모르게 된다. 그러다 보면 기껏 고민해 세운 방학계획이 모두 수포로 돌아가게 되는 것이다. 방학 동안에도 정기적으로 학습 시간을 가질 수 있도록 부모가 함께 노력해야 한다.

한편 방학 과제물도 소홀히 할 수 없다. 방학 과제물은 과목 중요도에 따라 우선순위를 정하고 각 과제물 별로 소요시간을 예상해 빠짐없이 미리 체크해 두도록 한다. 저학년일수록 방학 과제물 위주로 학습하도록 코칭하고, 학년이 높을수록 과제물과 별도로 자기주도학습을 할 수 있도록 계획을 마련하는 것이 좋다.

21 패치워크가 아름답다

패치워크라는 수예 기법이 있다. 작은 천 조각을 여러 개 모아 하나의 커다란 천을 만드는 기법이다. 우리 고유의 모시조각보도 여기에 해당하는데 기하학적인 모양과 배색이 눈에 띄게 아름답다. 각양각색의 작은 천 조각들을 하나로 이어붙인 지혜가 놀랍다. 이렇게 아름다운 패치워크 작품은 사실 버려지는 자투리 천을 모아 만드는 것이다. 옷과 이불을 만들고 남은 천들을 그냥 버리면 아무 것도 아닌 게 되지만, 이렇게 조각조각 이어붙이니 크고 쓸모 있는 이불이 되고 커튼이 된다.

패치워크의 지혜는 시간 계획을 세울 때도 유용하다. 하루 중 아무 생각 없이 버리는 자투리 시간은 상상 이상으로 많다. 그 자투리 시간을 얼마나 잘 활용하느냐 하는 것도 목표 관리의 중요한 부분 중 하나다.

흔히 자투리 시간도 아껴 사용해야 한다고 말하면, '그까짓 5분, 10분

아껴서 뭘 한다고 그래요? 차라리 그냥 노는 게 낫지!' 라고 말하는 아이들도 적지 않다. 이런 반응은 자투리 시간의 중요성을 전혀 모르기에 생기는 일이다. 등하교 시간, 학교에서 쉬는 시간, 점심시간 등에서 발생하는 자투리시간은 어림잡아도 한 시간 이상이다. 그냥 멍하니 보내 버리면 그뿐인 시간이다. 그러나 조금만 알차게 활용해도 하루 한 시간을 책상에 앉아 공부하는 효과를 거둘 수 있다.

자투리 시간이 더 중요한 이유는 피로감이 덜 하다는 데 있다. 예를 들어 하루 세 시간을 공부한다고 할 때 마지막 세 번째 시간은 처음 시작할 때에 비해 집중력이 떨어지고, 체력도 많이 소모됐음을 느끼게 된다. 더구나 밤 시간에는 뭘 해도 피로하기 마련이다.

그러나 학교 쉬는 시간은 그렇지 않다. 아직 낮이기 때문에 피로감이 적을뿐더러 짧은 시간인 만큼 집중도와 긴장도 면에서 월등하다. 말하자면 영어 단어 10개를 이어서 외우는 것 보다는 한 번에 한 개의 단어를 외우는 것이 효율성 면에서는 더 뛰어나다는 것이다.

눈코 뜰 새 없이 바쁜 대기업 CEO 가운데 자투리 시간을 중요하게 여기지 않는 이는 아무도 없을 것이다. 그들은 자신의 성공 비법을 대개 자투리 시간 활용에서 찾는다. 업무와 연관된 책을 읽고, 아이디어를 생각해 내고 심지어 명상을 하는 것도 모두 자투리 시간에 오히려 더 큰 효과를 거둔다고 말한다.

아이에게 자투리 시간의 중요성을 먼저 인식시켜야 한다. 짧은 시간의 조각들을 모아 마치 패치워크처럼 하나의 큰 성과를 만들어 낼 수 있다. 긴 시간동안 몰입해야만 가능한 과목이 있는가 하면 짧은 시간에도 충분히 효율적으로 공부할 수 있는 과목이 있기 때문이다. 성공 여부는 시간 활용 기법을 체득하는 것에 달렸다.

자투리 시간 활용법

자투리 시간을 잘 활용하기 위한 급선무는 그 시간에 할 수 있는 일을 미리 생각하고 준비해 두는 것이다. 버스에서 잠시 앉아 있는 시간, 학원 강의가 시작하기를 기다리는 시간, 화장실에 다녀와 남는 쉬는 시간 등 자투리 시간은 말 그대로 조각 시간이다. 따라서 무엇인가를 처음부터 시작해 공부하기는 어렵다. 이때 공부할 수 있는 간단한 암기노트를 미리 준비해 가지고 다니면 손쉽게 자투리 시간을 활용할 수 있다.

자투리 시간에 할 수 있는 가장 좋은 공부는 짤막한 단어와 공식을 외우는 것이다. 영어 단어도 좋고 수학 공식도 좋다. 이런 공부는 긴 시간을 내서 공부하는 일이 오히려 더 지루하고 효과가 떨어진다. 그러므로 짧은 시간에 공부할 수 있는 영어 단어장, 수학 공식노트 등을 아이가 미리 준비할 수 있도록 한다. 쉬는 시간 10분 동안 단어 세 개만 외워도 성공이다. 목표량이 적으니 훨씬 가뿐한 마음으로 공부할 수 있다는 장점이 있다.

다음으로 할 수 있는 것은 논술준비다. 논술준비라고 해서 거창한 실전 연습을 한다는 것이 아니라 독서에 주력하는 것이다. 논술에 꼭 필요한 고전이나 현대문학을 항상 갖고 다니며 시간이 날 때마다 읽으면 따로 시간 내 독서하는 것보다 훨씬 효율적인 대비가 될 수 있다. 특히 교과서에 나오지 않는 책은 책상 앞에 앉아서 정독하기에는 어쩐지 시간이 아깝게 느껴질 수도 있다. 그렇다고 아예 읽지 않을 수도 없으니 자투리 시간 활용법으로는 안성맞춤이다. 이렇게 읽어두어야 할 도서목록은 부모가 아이와 함께 미리 준비하는 것이 좋다. 고도의 집중이 필요하지 않기 때문에 버스나 지하철에서도 충분히 가능한 공부가 될 것이다.

자투리 시간을 잘 활용하는 방법 중 하나는 이것저것 되는대로 공부하는 것이 아니라 과목 하나를 정해서 일정 기간 동안 꾸준히 진행하는 것이다. 그래야만 그럴듯한 패치워크 작품이 완성된다.

한편 자투리 시간을 알차게 써야 한다고 해서 무조건 공부만 해야 한다는 것은 아니다. 사람에 따라 공부습관이 다르고 체력 조건도 다르기 때문에 경우에 따라서는 자투리 시간에 휴식을 취하는 것도 적절한 시간 관리가 될 수 있다. 쉬는 시간마다 쪽잠을 자는 것으로 피로 누적을 미연에 방지하겠다고 계획한다면 그 역시 자기만의 자투리 시간 관리 노하우가 될 수 있다. 다만 불필요한 잡담 등으로 시간을 소모하지는 말아야 한다.

아이가 계획을 세울 때는 이처럼 자투리 시간의 중요성을 알고, 처음부터 시간 계획에 반드시 포함시킬 수 있도록 코칭한다. 자칫 버려질 수 있는 시간을 통해 큰 성과를 얻는 것보다 더 좋은 시간 관리 훈련은 없을 것이다.

여유시간도 계획적으로

하루, 일주일, 한 달을 계획적으로 보내는 중에도 여유시간은 반드시 발생한다. 학원 휴강 등으로 뜻하지 않게 시간이 남는 경우도 있고, 매일 시간 계획 중 여유시간을 일부러 남겨 놓은 경우도 있다. 이런 여유시간을 얼마나 알차게 보내느냐도 성공적인 시간 관리의 한 축이 된다.

우선 뜻하지 않게 발생할 수 있는 여유시간에 대비해 그 시간에 할 수 있는 일을 미리 준비하도록 한다. 아무리 예측불허의 시간이라고 해도 무의미하게 낭비한다면 너무 아깝다. 이런 시간에는 정기적으로 공부할 필요가 없어 계획에 넣지 않았던 특정 과목을 공부하는 것도 나쁘지 않을 것이다.

한편 매일 또는 주 단위로 아이가 원해서 책정한 여유시간도 있을 것이다. 이런 시간들은 휴식과 재충전으로 시간으로 잘 활용할 필요가 있다. 휴식 없이 1년 365일 공부만 할 수는 없다. 무리한 계획은 오히려 역효과를 낳는다. 여유시간에 TV를 보며 빈둥거리기 보다는 아이가 원하는 취미활동, 건전한 휴식 등을 할 수 있도록 잘 유도한다. 이런 휴식을 통해 에너지를 보충하지 않으면 피로가 누적돼 효율적인 공부를 할 수 없다.

자기 보상의 차원에서 여유시간을 활용하는 것도 좋은 방법이다. 예를 들어 열심히 노력해 단기 목표를 이뤘다면, 그에 대한 보상으로 좋아하는 취미활동을 할 수 있는 여유시간을 자신에게 선물하도록 하는 것이다. 이런 방법을 통해 여유시간을 알차게 관리하고, 아이는 스스로 작은 성취감을 만끽할 수 있으므로 일석이조의 효과를 거두는 셈이다.

Education Coaching Manual

05
실천하는 습관을 만들어라

실행과 습관의 상관관계는 매우 긴밀하다. 실행은 좋은 습관이 뒷받침되어야 가능하고,

반대로 습관은 실행이 지속적으로 쌓여야만 형성될 수 있다.

계획의 반복적인 실행을 통해 좋은 습관을 형성하는 것이야 말로

목표 관리와 시간 관리의 최종 도착점이라고 할 수 있다.

앞서도 말했지만 실행 시스템은 단순히 시스템을 만들어 놓는 것에서 그치면 무의미하다.

그것을 꾸준히 반복함으로써 아이의 몸에 딱 맞는 습관으로 만들어야만

비로소 최상의 효과를 거둘 수 있다. 자기주도학습을 위한 실행 시스템이

습관으로 형성되기 위해서는 최소 3주의 기간이 필요하다.

도중에 지쳐 포기하고 싶은 순간도 찾아올 것이다.

익숙하지 않은 옷을 입고 있는 것처럼 불편할 수도 있다.

그러므로 부모의 노력도 함께 필요한 시기라고 할 수 있다.

>>>> Education Coaching Manual_chapter 05

22 계획한 대로 실천하기

'내일부터 하지 뭐!'

새 학기 또는 신년에 세운 계획을 지키지 못했을 때 이런 혼잣말을 해보지 않은 사람은 아마 없을 것이다. 이번만큼은 다이어트에 반드시 성공하리라 다짐하고서도 그 계획을 실천하지 못하는 큰 이유 중 하나는 '오늘 하루만 쉬고 내일부터 하자.'는 달콤한 유혹이다.

우리 아이들도 마찬가지다. 영어 단어 외우기, 수학 공식 외우기 등 날마다 계획은 화려하지만 그 계획을 끝까지 제대로 실천하는 경우는 극히 드물다. '오늘은 컨디션이 안 좋아서', '너무 피곤해 내일 학교 수업에 영향을 미칠까봐' 등 이유도 다양하다.

그러나 아무리 훌륭한 계획을 수립했다 하더라도 실행이라는 과정이 없으면 무용지물이다. 목표를 전교 석차 1등으로 정하고, 하루 다섯 시간 이상 공부하기로 계획한들 실제로 공부하지 않으면 아무 소용이 없는 것이다. 어찌 보면 계획보다 한층 더 중요한 것이 '실행'이다.

그런데 실행은 왜 그렇게 마음처럼 쉽지 않은 것일까. 눈앞의 목표를 두고서도 왜 그 길을 가지 않는 것일까. 이유는 세 가지다.

첫째는 무엇보다 하고자 하는 의지가 부족해서다. 계획 수립단계에서 의지를 단단히 다졌음에도 불구하고 막상 실천단계에 이르러서는 마냥 귀찮고 하기 싫은 것이다. 이 경우에는 계획을 반드시 실천해야 하는 이유에 대해 다시 생각하고 재차 동기를 부여하는 방법이 필요하다. 영어 공부를 위해 아침에 일찍 일어나기로 했는데 도무지 자리에서 일어나기가 싫다면, 왜 일찍 일어나야 하며 영어 공부를 왜 해야 하는지 다시 생각해 보는 것이다. 아이가 오늘 하기로 한 공부를 하지 않을 때는 무조건 다그칠 것이 아니라, 그 계획을 세운 과정을 상기할 수 있도록 이야기 나누고 아이 스스로 결정하도록 해야 한다.

실행이 쉽지 않은 두 번째 이유는 실행을 강제하는 시스템이 없기 때문이다. 계획을 세우는 단계가 끝나면 모든 일이 끝난 것처럼 생각하고, 이후의 실행 과정에 대해서는 따로 평가하지 않는 것이다. 그렇게 몇 달이 흐른 후, 시험 결과만 놓고 잘 했다 못 했다 평가하는 것이 일반적인 가정의 모습이다. 따라서 아이가 계획을 실행에 옮길 수 있도록 분명한 실행 시스템을 구축해야 한다.

세 번째 이유는 습관이 되지 않았기 때문이다. 물론 이전에 하지 않았던 일을 습관화하는 데는 짧지 않은 시간이 필요하다. 그러나 아무리 하기 싫던 일이라도 한번 습관 들이면 어렵지 않게 할 수 있다. 마음보다 몸이 먼저 움직인다. 이렇게 하기 위해서는 꾸준한 반복이 필요하다.

계획만 세우고 실천하지 않는 아이에게 잔소리는 결코 약이 될 수 없다. 동기 부여, 체계적인 실행 시스템 구축, 습관 형성의 과정을 부모가 함께 해 줘야 한다. 습관에 대해서는 다음 단원에서 자세히 설명하기로 하고 여기서는 실행 시스템에 대해 이야기하겠다.

목표—계획—실행—습관—피드백

앞서 우리는 목표를 수립하고 그 목표를 위한 계획을 세웠다. 이제 실행이라는 단계에서 잠시 주춤하고 있는 아이에게 실행 다음 단계에 대해 설명해 줄 필요가 있다. 바로 '피드백'이라는 단계다.

보통 아이들은 계획표를 책상 앞에 붙여 두고, 잠들기 전 한번쯤 '오늘 할 일을 다 못 했구나' 정도로 생각하는 데 그친다. 이런 방식으로는 절대 계획한 만큼의 성과를 얻을 수 없다. 하루치의 목표를 생각하고 계획을 수립했다면, 그날의 실행결과에 대해 세밀하고 분명하게 평가하고 눈으로 볼 수 있도록 기록해야 한다. 그리고 그 평가 내역을 다음 목표와 계획을 수립할 때 반영할 수 있도록 해야 한다. 이것이 바로 피드백이다(피드백에 관해서는 다음 장에서 더 자세히 설명하겠다).

피드백이라는 과정까지 완벽하게 마쳐야만 자기주도학습의 한 단계를 마무리한 것이라는 사실을 아이가 인식하도록 해야 한다. 다시 말해 목표—시간관리—계획(기본계획, 시험계획, 방학계획)—실행—습관—피드백이라는 전 과정을 빠짐없이 거쳐야만 학업을 제대로 진행했다고 볼 수 있는 것이다. 압축하면 계획—실행—피드백이 되며 이 과정을 지속적으로 반복하면 그것이 다시 커다란 습관으로 형성된다. 이것을 실행 시스템이라고 한다. 이 실행 시스템은 하루를 기준으로 할 수 있고 한 달을 중심으로 운영할 수도 있지만, 전문가들은 한 주일을 단위로 진행하는 것이 가장 효과적이라고 말한다. 하루는 너무 짧고 한 달은 지나치게 길기 때문이다. 무엇보다 일주일 안에는 휴일이 하루 포함되어 있어 피드백과 새로운 플래닝을 하기에 적절하다.

일주일에 하루 적절한 시간을 정해 규칙적으로 주간 계획을 수립하도록 한다. 보통 일요일 저녁이 플래닝 타임으로 가장 알맞을 것이다. 한 시간 정도면 충분하다. 물론 아이 혼자서도 지난주를 피드백하고 다음 한 주를 계획할 수 있겠지만, 처음에는 부모가 함께 하는 것이 더 효과적이다. 아이가 계획을 잘 실행했을 때는 따뜻한 격려도 잊지 말자.

학습플래너로 실행 극대화

일주일 단위로 계획을 세우고, 실행하고, 과정과 결과를 피드백하는 것이 처음부터 쉽지는 않을 것이다. 또한 여기 저기 분산되어 있는 계획표는 효과적인 학업에 별로 도움이 되지 않는다. 이럴 때 유용한 것이 학습플래너다.

목표와 계획, 실행 과정을 플래너에 빠짐없이 기록하다 보면, 공부와 일상생활이 보다 전략적으로 변화하는 것을 느끼게 된다. 앞서 생각했던 꿈의 목록, 사명과 비전, 공부 목표를 모두 플래너에 적어 둔다면 틈나는 대로 펼쳐보며 새로운 에너지를 얻을 수 있다. 또한 평상시 시간계획, 시험계획, 방학계획 등도 모두 한데 기록한다면 보다 세밀하게 시간 관리를 할 수 있다. 주간 단위의 실행 시스템은 물론, 월간 단위의 계획과 피드백도 모두 플래너를 활용하면 더 효과적으로 운영할 수 있다.

그런데 실행 시스템이 몸에 익기 위해서는 적어도 3주 이상의 기간이 필요하다. 아직 중학교 저학년이거나 초등학생이라면 처음부터 '알아서 척척' 해내지는 못할 것이다. 이럴 때일수록 부모가 끈기를 갖고 적절히 코칭해 줄 필요가 있다.

1주치에는 방법과 노하우를 알아가는 정도로 만족하도록 한다. 계획과 실행의 원리, 기본적인 방법, 효과 등을 인식하는 정도다. 한두 가지 정도만 실행에 성공하더라도 크게 칭찬해 줄 필요가 있다. 또 아이가 자신의 감정이나 작은 성과 등도 플래너에 기록하도록 옆에서 충분히 조언한다. 이런 과정을 통해 아이는 자발적인 학습과 플래닝의 원리에 대해 깨닫게 된다.

2주차는 감 잡는 단계다. 플래너를 더 적극적으로 활용하고 계획을 실행에 옮기도록 도와줘야 한다. 시행착오도 있겠지만, 시스템에 대해 더 잘 파악하고 자기 것으로 만들고자 노력하는 모습을 보일 것이다. 이 시기를 어떻게 보내느냐에 따라 시스템의 자기화 여부가 판가름난다.

3주차에 접어들면 이제는 옆에서 지켜봐 주지 않아도 자연스럽게 플래너를 활용하고 실행 시스템을 가동시킬 수 있게 된다. 주간 목표를 설정하고 계획을 만드는 과정에서 자기만의 노하우도 생길 것이다. 여기서부터 진정한 자기주도학습이 시작된다고 할 수 있다.

이 지점에 이르면 아이는 '공부란 이렇게 하는 것이구나!' 하는 것을 깨닫게 된다. 부모 역시 그동안 옳지 않은 방법으로 아이에게 공부를 강요했었다는 생각을 하게 될 것이다. 이제 남은 것은 이렇게 익힌 자기주도학습의 시스템을 지속적으로 반복해 '좋은 습관'으로 만드는 것이다.

23 너에게는 참 좋은 습관이 있어

계획을 실천하는 차원의 습관 외에도 우리 일상은 크고 작은 습관으로 이루어져 있다. 아이들도 마찬가지다. 책상 앞에 앉으면 연습장에 낙서부터 하는 습관, 인터넷강의를 듣기 전에 반드시 30분씩 웹서핑을 하는 습관, 자기 전에 친구와 전화로 잡담하는 습관까지 따져보면 한두 가지가 아닐 것이다.

'세 살 버릇 여든까지 간다.'는 속담을 굳이 떠올리지 않더라도 한번 익숙해진 습관은 좀처럼 바뀌지 않는다. 주변에서 아무리 '나쁜 습관'이라고 지적하고, 본인도 그에 동의한다 해도 몸에 밴 습관에서 벗어나는 일은 결코 쉬운 일이 아니다.

내가 만난 한 어머니는 중학교 2학년인 아들의 늦게 자는 습관 때문에 걱정이 이만저만 아니었다. 그 아이는 보통 새벽 3시쯤에야 잠자리에 드는데, 그러다 보니 아침마다 등교 준비가 전쟁이라는 것이다. 처음에는 밤늦도록 공부하는 모습이 기특하기도 하고 보기 좋아 그냥 내버려 두었는데 이제는 늦게 자는 것이 일상화되어 특별히 공부하지 않는 날에도 일찍 자는 법이 없게 됐다. 늦게 자니 아침에 못 일어나는 것은 당연하고, 간신히 일어나 등교한다고 해도 지각하는 날이 부지기수라는 것이다.

그 아이의 경우 단순히 아침에 일어나기 힘든 것보다는 잦은 지각과 수업시간에 조는 것이 더 큰 문제였다. 수업에 집중하기 힘든 것은 물론, 매일 지각하다 보니 담임선생님에게도 좋지 않은 인상을 심어주게 됐다. 또 수업 시간에 졸다가 진도를 따라잡지 못하고, 시험과 관련된 중요한 정보도 놓치는 일이 많아졌다. 이전에는 반에서 중상위권 성적이었던 아이가 안타깝게도 나쁜 습관 하나 때문에 중하위권으로 밀려나고 말았다.

이렇듯 나쁜 습관은 단순히 성적 저하의 결과만 초래한 것이 아니다. 잦은 지각으로 인해 주변 사람들로부터 적잖이 신뢰를 잃었을 것이 분명하기 때문이다.

처음에는 사람이 습관을 만들지만 나중에는 습관이 사람을 만든다. 아무리 작은 습관이라도 알게 모르게 개인의 판단과 행동을 좌우한다. 때문에 인생의 크고 작은 목표 달성에 지대한 영향을 끼친다. 좋은 습관은 목표를 향해 가는 길에 든든한 버팀목이 될 수 있지만 나쁜 습관은 아무리 미미한 것일지라도 성공에 걸림돌로 작용한다.

좋은 공부습관이 필요하다

일상생활 중 학습 능률을 올리고 성과를 극대화시키는 데 가장 큰 영향을 끼치는 것 역시 습관이다. 습관은 특별히 공부와 연관되어 보이지 않더라도 알게 모르게 학업 성과를 좌우한다. 30분 늦게 자면 30분 늦게 일어나게 되고, 그러다 보면 순차적으로 나쁜 결과가 발생한다. 따라서 외부로부터의 강제 없이 자발적으로 학습하기 위해서는 무엇보다 좋은 공부습관이 필요하다.

일반적으로 좋은 습관은 공부에도 자연스럽게 도움이 된다. 일찍 자고 일찍 일어나는 습관, 바른 자세를 갖는 습관, 규칙적으로 식사하는 습관, 정기적으로 운동하는 습관 등이다. 이런 습관들은 건강을 유지시켜 주고 항상 맑은 정신을 지닐 수 있도록 도와준다.

하루도 빠짐없이 독서하는 습관 역시 이 시기에 반드시 몸에 지녀야 한다. 논술과 관련된 교육은 학교와 학원 등에서도 계속 이뤄지지만, 학생 본인이 책을 읽지 않으면 아무 소용없다. 언어와 논술에 대한 감각이 책 한두 권으로 길러지는 것이 아니고, 대입시험 관련 도서의 분량도 워낙 방대하기 때문이다. 적어도 한 주에 한 권은 읽도록 조언한다.

예습과 복습을 꾸준히 하는 습관은 공부와 직접적인 연관이 있는 아주 중요한 습관이다. 앞서도 말했지만 수업 진도 부분은 그 전날 반드시 예습하고, 그날 배운 내용은 잠들기 전 반드시 복습하는 습관을 길러야 한다.

이밖에 학습플래너를 사용하는 습관도 공부에 매우 큰 도움이 된다. 플래너에 기록하는 일이 처음에는 익숙하지 않을 수 있다. 그러나 사소한 일상사부터 인생의 큰 목표까지 모두 플래너에 기록함으로써 보다 체계적이고 전략적인 학업을 할 수 있다.

공부에 해가 되는 나쁜 습관은 좋은 습관의 반대를 생각하면 간단하다.

늦게 자고 늦게 일어나는 것, 지각하는 것, 수업시간에 조는 것, 예습과 복습을 하지 않는 것 모두 공부에 방해되는 나쁜 습관이다. 쉽게 짜증을 낸다거나 식사를 거르는 습관도 집중력을 떨어뜨려 공부에 영향을 미친다. 이밖에 할 일을 뒤로 미루는 습관과 모르는 것을 묻지 않고 그냥 넘어가는 습관도 반드시 고쳐야 한다.

습관리스트 만들기

아이와 습관에 대해 이야기할 때는 먼저 아이의 좋은 습관을 칭찬하는 것으로 시작해야 한다.

다른 아이들은 보통 아침을 먹지 않고 학교에 간다던데 넌 일찍 일어나서 아침을 먹고 등교하는 습관이 있어서 참 다행이야. 아침을 거르면 집중력도 떨어지고, 건강에도 나쁘다더라. 앞으로도 아침은 꼭 먹도록 하자.

이제 습관리스트를 작성할 차례다. 습관리스트는 자신의 좋은 습관과 나쁜 습관을 구분해 적어보는 것으로 시작한다. 이때 주의할 점은 아이의 나쁜 습관을 절대 지적하지 않는 것이다. 자신의 나쁜 습관에 대해서는 스스로 더 잘 알고 있기 때문에 다른 사람이 지적하면 반작용으로 오히려 인정하지 않으려 할 수도 있다.

나의 일상생활 습관은 어떤지, 공부할 때는 어떤 습관이 있는지 항목별로 구분해 질문하고 스스로 깨닫게 하는 방법이 좋다.

그 다음에는 앞으로 가져야 할 좋은 습관들의 리스트를 작성하도록 한다. 일종의 체크리스트로, 각 습관을 잘 지켰는지 그렇지 못했는지 스스로 체크할 수 있도록 한다.

어떤 습관이든 그것이 몸에 배 자연스럽게 될 때까지는 적어도 3주 이상의 시간이 걸린다. 아이가 습관리스트를 작성했다고 해서 바로 다음날부터 좋은 습관이 생기는 것은 절대 아니다. 꾸준한 반복을 거쳐야만 비로소 자기화 되는 것이다.

예를 들어 한 주일에 책 한 권을 읽는 습관을 갖기로 결심했는데 반 권 분량밖에 읽지 못했을 수도 있다. 이럴 때는 절대 서두르지 말고 현재 성과에 만족하도록 충분히 격려해 줘야 한다.

또 너무 많은 습관리스트는 오히려 스트레스로 작용할 수 있으므로 지킬 수 있는 수준에서 적절한 분량의 습관을 관리하는 것이 좋다. 습관 관리는 욕심을 부리면 오히려 역효과를 낼 수도 있다. 새로 습관을 만든다기보다는 현재 가진 좋은 습관을 더욱 극대화시키고, 나쁜 습관을 차츰 줄여 간다는 느낌으로 진행해 나가면 된다.

24 함께 만드는 '공부 습관'

그동안 우리 아이들은 학교와 학원의 일정에 맞춰 쫓기듯 공부하고, 시험을 본 후에는 자신보다는 다른 사람의 평가에 전전긍긍해왔다. 늘 계획도 대충, 실천도 대충했기 때문에 시험이 다가오면 무엇부터 공부해야 할지 몰라 당황하기 일쑤였다.

그러나 이제 계획—실행—피드백이라는 시스템에 대해 알게 되었다. 목표와 계획을 수립하고, 실행 시스템을 마련했으며 그에 따라 하나 둘 실천만 하면 되는 단계까지 왔다. 문제는 실행 시스템이 완벽하게 자리 잡기까지는 적지 않은 시간이 필요하다는 것이다.

일반적으로 어떤 시스템이 완벽하게 구축되기 위해서는 한 달 이상의 시간이 걸린다. 처음에는 목표와 계획을 철저하게 수립하고, 계획한 대로 실천한다. 첫 번째 실천 내용을 평가하는 것은 실천을 얼마나 잘 했느냐

보다는 계획의 안정성을 점검하는 데 이유가 있다. 그 다음에는 실천 과정에서 생긴 문제점을 반영해 계획을 수정한다.

다음 차에서는 수정된 계획을 통해 다시 실천하고 그 실행 과정에서도 또 문제점을 발견한다. 다시 발견된 문제점에 대해서는 더 긴밀하게 논의하고 경우에 따라서는 목표까지도 수정한다. 이렇게 반복되는 과정을 거치며 시스템은 보다 정교해진다.

시스템을 구축한다는 것에는 그 자체가 정교해진다는 의미도 있지만 다른 한 가지가 더 필요하다. 기업이라면 지속적인 반복을 통한 '시스템의 안정화'라고 표현할 수 있겠지만, 주체가 사람이라면 반복을 통한 '습관화'다. 습관처럼 몸에 배도록 한다는 것이다.

실행과 습관의 상관관계는 매우 긴밀하다. 실행은 좋은 습관이 뒷받침되어야 가능하고, 반대로 습관은 실행이 지속적으로 쌓여야만 형성될 수 있다. 계획의 반복적인 실행을 통해 좋은 습관을 형성하는 것이야 말로 목표 관리와 시간 관리의 최종 도착점이라고 할 수 있다.

앞서도 말했지만 실행 시스템은 단순히 시스템을 만들어 놓는 것에서 그치면 무의미하다. 그것을 꾸준히 반복함으로써 아이의 몸에 딱 맞는 습관으로 만들어야만 비로소 최상의 효과를 거둘 수 있다.

자기주도학습을 위한 실행 시스템이 습관으로 형성되기 위해서는 최소 3주의 기간이 필요하다. 도중에 지쳐 포기하고 싶은 순간도 찾아올 것이다. 익숙하지 않은 옷을 입고 있는 것처럼 불편할 수도 있다.

그러므로 부모의 노력도 함께 필요한 시기라고 할 수 있다. 아이 뿐 아니라 부모의 지구력도 시험대에 오른다고 볼 수 있다. 내 아이가 반복실행과 습관형성의 노하우를 가질 수 있도록 지속적으로 코칭해야 하기 때문이다.

실행 1주차

드디어 자기주도학습을 몸소 실천하는 첫 주가 시작했다. 구슬이 서 말이라도 꿰어야 보배이듯이. 아무리 목표와 계획이 훌륭하더라도 실행하지 않으면 아무 소용이 없다.

1주차에는 많은 욕심을 부려서는 안 된다. 가뜩이나 전에 없던 복잡한 목표와 많은 계획으로 아이의 머릿속은 복잡하다. 여기에 더해 '계획대로 꼭 실천해야 돼, 하나라도 빠뜨리거나 게으름 부리면 안 된다.' 라는 등의 으름장은 역효과를 얻는 지름길이다.

무슨 일이든 처음 시작이 중요하다. '작심삼일' 이라는 말이 있듯 아무리 당차게 마음먹은 일도 사흘 가기가 어렵다. 한 사나흘 지나면 계획도 흐지부지되고, '다음 달부터 하지 뭐', '내년부터 해야겠다.' 는 등 처음과는 다른 말을 하기 마련이다. 그런데 반대로 생각하면 이 기간만 잘 보내면 그 다음에는 마음먹은 것을 실천하기가 더 쉬워질 수도 있다.

실행 1주차는 계획을 실천하는 방법과 노하우를 알아가는 단계다. 목표의 의미, 계획의 기본 개념, 실행의 원리와 방법 등을 차차 습득하는 과정인 것이다.

첫날부터 둘째, 셋째 날을 지나며 아이는 자신이 실행에 옮긴 것을 보며 스스로 자랑스럽게 여기기도 하고, 못한 것을 부끄럽게 여길 수도 있다. 이럴 때는 부모의 격려가 최고의 보약이다. 한두 가지 정도만 실행에 성공

했더라도 아이를 크게 칭찬해 줄 필요가 있다. 부모라는 든든한 지원군의 힘을 느끼며 아이는 커다란 자신감을 얻는다.

하루하루가 낯선 경험인 만큼 이 과정에서 아이는 다양한 감정을 느낀다. 성취감, 만족스러움, 실망감 등의 감정이다. 이런 것들을 학습플래너에 기록하도록 옆에서 충분히 조언한다.

실행 2주차

첫 주에는 원리와 개념을 깨닫는 것에 치중했다면, 2주차에는 더 적극적으로 계획을 실천하는데 주력해야 한다. 일요일에도 두 시간 공부하기로 계획했을 때 1주차에는 휴일이라는 이유로 계획의 반만 실행했다면, 2주차에는 다른 핑계 없이 최대한 실행할 수 있어야 한다.

이때는 부모의 지원이 필요한 부분은 나서서 도와줘야 한다. 예를 들어 꾸준한 노력에 대한 보상 같은 것이다. 아이가 약속대로 잘 해냈을 때 말로 하는 칭찬도 중요하지만 눈에 보이는 대가를 통해 성취감을 자극시켜 줄 필요도 있다.

그런데 이 시기에는 한번쯤 슬럼프를 겪을 가능성이 높다. 두 주에 걸친 실행 과정에서 특별히 성취감을 맛보지 못한 경우에 그럴 수 있다. 또 너무 빠듯한 계획안에서 답답함을 느끼는 것도 문제가 된다. 이런 경우 계획을 세우기 전의 일상보다 더 나태하게 생활하는 역반응을 보일 수도 있다. 아이가 슬럼프를 겪는 것처럼 보인다면 절대 다그치지 말고 질문을 통해 아이 스스로 해답을 얻을 수 있도록 해야 한다. 가장 견디기 어려운 부분은 무엇이며, 어떤 변화를 통해 다시 목표와 계획을 상기할 수 있을지 아이가 답을 구하고 실천할 수 있도록 해야 한다.

　2주차는 각종 시행착오를 통해 시스템을 더 잘 파악하는 단계라고 할 수 있다. 따라서 이 시기를 잘 보내면 시스템의 자기화가 더 쉬워진다고 볼 수 있다.

실행 3주차

　드디어 3주차에 접어들었다. 이 지점에 다다르기까지 아이는 물론 부모도 전에 없는 끈기와 지구력을 발휘했을 것이다.

　3주차는 자기만의 노하우를 개발하는 단계이자 실행 시스템을 '습관'으로 체득하는 단계다. 이제 아이는 부모의 도움 없이도 계획을 실천하는 방법, 플래너를 사용하는 방법, 시간을 효율적으로 관리하는 방법을 알고 있다. 피드백을 통해 주간 목표를 더 완벽하게 수립하고, 자신의 스타일에 맞게 조정하기도 한다. 말하자면 자기만의 노하우를 만들어내는 것이다. 이런 과정을 통해 실행 시스템은 아이와 하나가 되어 보다 정교해진다.

　진정한 공부습관은 바로 이때부터 만들어진다. 이전에는 계획을 세웠으니 할 수 없이 실천하는 단계였다고 한다면, 이제는 습관에 의해 저절로 공부하는 단계다. 쉬는 시간에는 저절로 영어 단어장이 펴지고, 집에 돌아오면 그 날 오후의 계획을 가장 먼저 점검한다. 이전에는 마음 내키는 날이나, 부모의 잔소리가 있는 날에만 공부했지만 이제는 그렇지 않다. 자기만의 남다른 목표를 실현하기 위해, 자신의 노하우가 담긴 계획을 세우고 그것을 즐겁게 실천하는 것이다. 이쯤 되면 아이가 진정한 자기주도력을 갖게 되었다고 볼 수 있다.

그렇다고 방심은 금물이다. 사람은 누구나 편한 것에 길들여지게 마련이다. 그날의 계획을 실천하는 것보다는 게으름을 부리며 TV 채널을 돌리는 것이 더 편하다는 사실은 누구나 알고 있다. 때문에 언제라도 다시 이전의 나태한 모습으로 돌아갈 수 있다. 그렇게 되지 않도록 항상 경계하고 마음을 다시 추슬러야 한다.

부모의 코칭이 더욱 힘을 발휘하는 것은 이 부분이다. 맨 처음 마음가짐과 동기를 다시 상기시키고 원대한 목표를 잊지 않도록 하는 것, 실행이 가져다주는 기쁨과 성취로 인한 만족을 알려주는 것 모두 코칭으로 가능하다. 아이에게 질문하라. "네가 공부를 잘 하면 누가 제일 기쁘니?" 물론 정답은 아이가 알고 있고, 답을 말하는 순간 아이의 실행 시스템은 다시 가동될 것이다.

25 학습 환경부터 만들어라

공부 습관을 제대로 만드는 과정에서 빠뜨리지 말아야 할 것이 있다. 바로 공부하기에 적절한 주변 환경을 조성하는 것이다.

"책만 펴면 집중이 잘 안 돼요."라고 호소하는 학생의 십중팔구는 부적합한 환경에서 무조건 '열공' 한 경우다. 부모가 보기에 집중해 공부하는 시간이 짧거나 한번 마음먹기에 시간이 오래 걸리는 아이들도 대부분 그런 경우다.

환경이 갖춰지지 않은 상태에서는 어떤 일이든 두세 배의 집중력을 요한다. 쉬운 예로 주변이 매우 시끄러운 곳에서 중요한 전화통화를 할 때 최대한 집중해 들어도 잘 들리지 않아 머리까지 지끈거리는 경험을 한 적이 있을 것이다. 또한 주부의 경우 음식 한 가지를 만들고자 할 때도 주방 환경과 집기가 요리하기에 적절하지 않으면 생각처럼 맛있는 음식을 만들지 못하곤 한다. 이처럼 무슨 일이든 최적의 환경에서 하는 것과 그렇지 않은 상황에서 하는 것에는 엄청난 능률의 차이가 있다. 공부의 경우 이 차이가 더 크게 난다.

공부환경은 두 가지 측면에서 생각해 볼 수 있다. 공부방, 책상, 조명 등 물리적인 측면에서의 환경과 공부하는 아이의 건강, 심리상태 등 아이의 신체적 환경 요소다. 이 두 가지 요소 중 하나라도 제대로 충족되지 않으면 최대의 공부효과를 낼 수 없다. 옛말에 '서툰 목수는 연장 탓만 한다.'고 했지만 사실 연장이 나쁘면 서툰 목수가 될 수밖에 없다. 우리 아이가 공부를 잘 하게 하려면 최고의 연장을 손에 쥐어줘야 한다. 아이가 공부에 집중하지 못하면 부모는 열심히 하지 않는다며 아이를 탓하기 일쑤지만 이런 측면을 우선 점검할 필요가 있는 것이다.

능률은 환경이 좌우한다

최적의 공부환경을 조성하기에 앞서 먼저 생각해야 할 부분은 아이에게 잘 맞는 공부장소를 찾는 것이다. 공부 잘 되는 장소는 사람마다 다르다. 무조건 칸막이가 되어 있는 독서실에 가야 집중이 잘 되는 아이가 있는가 하면, 집에서 공부해야 여러모로 편하다는 아이도 있다. 학교 도서관이 좋은 경우도 있다. 그 장소의 조명과 책상, 분위기 등 여러 가지 요소가 판단의 근거가 됐겠지만, 늘 그곳에서 공부해 익숙해진 장소일 수도 있다.

각 장소마다 장단점이 있지만, 아이가 그렇게 판단했다면 최대한 존중해주는 것이 좋다. 부모가 억지로 독서실에서 공부하게 하면 하기 싫은 마음에 집에서 하는 것의 반도 안할 수 있고 실제로도 아이가 집중력을 발휘하지 못할 수 있다. 그러므로 먼저 아이가 원하는 장소와 그렇게 생각한 이유에 대해 이야기를 나눈 후 아이의 의사를 존중하는 것이 여러모로 효과적이다.

아무리 최적의 공부장소로 도서관을 정했다 하더라도 집에서 공부하는 시간이 없을 리 없다. 따라서 집안의 공부환경을 잘 조성하는 일을 빠뜨릴 수 없다.

가장 중요한 것은 책상이다. 의자와 조명 모두를 포함해 아이가 가장 편안하게 공부에 집중할 수 있는 환경이 되도록 한다.

책상과 의자는 아이의 키에 맞춰 너무 높지도 낮지도 않게 잘 선택해야 한다. 책상은 가능하면 넓은 것으로 택하는 것이 좋다. 책상이 너무 좁으면 답답하고 학습 자료를 자유롭게 펴 놓고 보기도 불편하기 때문이다. 의자는 장시간 앉아 있어야 하므로 신체 사이즈와 최대한 잘 맞는 것을 고르도록 한다. 아이 신장에 비해 낮은 의자는 허리디스크를 유발하므로 주의해 선택한다. 또한 오랜 시간 앉아있기 편하도록 반드시 쿠션감이 있는 것으로 골라야 한다. 그러나 쿠션이 너무 부드러우면 오히려 허리에 무리가 가고 집중력도 반감되므로 주의해야 한다.

한편 공부방에서 조명은 매우 중요하다. 불빛이 흐릿하면 집중력이 떨어지고 근육도 이완되어 맑은 정신을 유지하기 어렵다. 그렇지만 너무 밝은 불빛도 시력에 부담을 줘 두통을 유발할 수 있다. 공부하기에 가장 좋은 조명은 자연광이다.

자연광 아래서 공부하면 집중력도 좋아지지만 무엇보다 건강에 좋다. 그러나 너무 강한 직사광선은 피해야 한다.

낮에는 자연광을 조명으로 활용하지만 밤에는 인공조명이 필요하다. 기본조명은 천장이나 벽을 통해 빛이 반사되는 간접조명 방식이 눈의 피로감을 덜어준다. 여기에 책상 위 스탠드 등으로 직접조명을 더하는 것이 공부하기에는 최적의 조명이라 할 수 있다. 이밖에 집중을 방해하는 물건은 가능하면 책상 위에 두지 않는 것이 좋다.

소음은 집중력을 방해하는 최대의 적이다. 마루에서 들려오는 TV소리, 음악소리 등은 말할 필요 없이 공부에 큰 방해를 준다. 공부는 눈으로 보고 머리로 생각하는 것이기 때문에 소음 상황에서는 공부의 효과가 절반으로 떨어질 수밖에 없다. 따라서 능률적인 학습을 위해 소음만큼은 최대한 차단해야 한다.

요즘에는 대부분 개인 MP3 플레이어를 갖고 있기 때문에 음악을 들으며 공부하는 아이들도 적지 않다. 어떤 아이들은 음악을 들으며 해야 공부가 더 잘 된다고 하지만 그것은 어디까지나 느낌일 뿐이다. 음악을 들으며 공부하는 습관은 가능한 빨리 개선시킬 필요가 있다. 그러나 간혹 쉬운 계산 문제를 반복적으로 풀 때는 음악을 들으며 지루함을 잊고 공부에 다시 전념할 수 있는 효과를 볼 수는 있다.

책상에 놓인 컴퓨터 역시 집중력의 방해 요소 중 하나다. 물론 인터넷 강의를 공부하는 학생에게는 컴퓨터가 반드시 필요한 학습도구지만, 강의를 듣지 않을 때에는 컴퓨터만큼 걱정스러운 물건도 없다. 불필요한 웹서핑과 인터넷 게임 등은 공부의 최대 적이다. 그렇다고 마냥 못하게만 할 수도 없는 노릇이니 부모 입장에서는 답답하지 않을 수 없다. 최근에는 개인 미니 홈페이지 꾸미기가 대유행이어서, 이 활동을 하지 않으면 또래집

단에서 소외될 수도 있다. 이럴 때는 웹서핑과 인터넷 게임으로 낭비하는 시간에 대해 진지하게 대화하고, 아이 스스로 하루 이용시간을 정하게 한 뒤 자신과의 약속을 지키도록 유도하는 것이 좋다. 휴대폰 역시 난감한 물건 중 하나다. 초등학생도 고학년의 경우는 절반 가까이 휴대폰을 사용하고 있다. 중학생은 더 하다. 그러다 보니 휴대폰이 공부에 커다란 방해요소로 등장한 것이다. 아이들은 음성통화보다도 문자통화에 더 열을 올린다. 공부 조금 하나 싶으면 어느 새 친구와 문자로 이야기를 나누고 있다. 집중할 틈이 없는 것이다. 어찌 보면 거의 중독과 비슷해서 벗어날 수 있는 방법은 휴대폰을 끄는 것뿐이다. 이 역시 아이 스스로 결정하게 하되 공부를 시작할 때는 휴대폰을 잠깐 꺼두는 쪽으로 최대한 유도하는 것이 좋다.

이 모든 것은 부모와 아이가 함께 힘을 합쳐야 가능하다. 물리적 환경이 최적화되었을 때 비로소 공부능률이 향상되고 공부습관도 바로 잡힐 수 있다.

체력이 기본이다

건강한 신체관리는 공부라는 장기 레이스에서 결코 빠뜨릴 수 없는 부분이다. 흔한 말로 '체력이 받쳐줘야' 공부도 잘 하는 것이다. 특히 고등학교 수험생들은 공부의 양이 워낙 많기 때문에 튼튼한 체력을 바탕으로 학업에 매진할 수밖에 없다. 하지만 그때 가서 갑자기 운동해봐야 이미 늦은 것일 수 있다. 건강관리에서 짜임새 있는 식단과 영양보조제도 중요하지만 정기적인 운동 습관은 필수다. 비만 또는 영양 불균형에 빠지지 않도록 항상 주의해야 한다. 아이들이 건강의 중요성을 우선 인식하고 누가 시키지 않아도 꾸준히 운동하는 습관을 갖도록 해야 한다.

한편 학생들에게 수면습관은 공부습관과 마찬가지 의미를 갖는다. 늦게 자는 아이들은 다음날을 피곤한 상태로 시작하기 때문에 매사 능률이 떨어진다. 따라서 적당한 시간에 취침하고, 아침 일찍 기상해 충분히 여유를 갖고 등교하도록 한다. 보통 초등학교 고학년과 중학생이라면 하루 7~8시간 수면을 취하는 것이 좋다. 수면 시간이 불규칙하면 전반적인 건강관리에도 좋지 않은 영향을 끼칠 수 있으므로 항상 유의하도록 한다.

교우관계, 이성문제 등도 공부에 적잖이 영향을 끼친다. 이성교제의 경우, 전문가들은 무조건 금지하는 것은 오히려 역효과를 가져올 수 있다고 말한다. 아이와 충분히 상의해 공부에 방해되지 않는 선에서 스스로 조율할 수 있도록 한다.

최적의 공부환경은 최소의 노력으로 최대의 효과를 거둘 수 있게 한다. 열심히 공부하는 것도 좋지만 효율적인 공부가 더 우선이다. 좋은 공부습관을 갖는 것과 동시에 좋은 공부환경을 조성하는데도 관심을 기울일 필요가 있다.

Education Coaching Manual

06
피드백! 피드백! 피드백!

피드백의 궁극적인 목적은 수정과 보완이다.

아무리 철저히 평가했다 하더라도 다음 계획에 반영하지 않으면 탁상공론에 불과하다.

이번 주에 실천하지 못한 것들을 다음 주로 그대로 미루는 것은 별 의미가 없다.

다시 새로운 목표와 계획을 세우고 심기일전해야 한다.

목표가 지나치게 높았다면 일정부분 낮추고,

특별히 필요하지 않은 세부 목표였다면 과감히 삭제한다.

이런 것들은 한 주간의 경험 없이는 할 수 없는 일들이다.

계획-실행-피드백의 전 과정을 모아 다시 계획을 짜고,

그 계획을 실행해 피드백하는 것이다.

몸에 맞춘 듯이 자신에게 알맞은 계획은 저절로 짜이는 것이 아니다.

숱한 경험과 시행착오 끝에 가장 적절한 계획을 만들 수 있다.

>>>> Education Coaching Manual_chapter 06

26 지난 한 주 어땠니?

 드디어 전략적 자기주도학습의 처음 일주일 과정이 모두 끝났다. 목표와 계획을 수립하고, 세밀한 시간 관리와 습관 관리를 통해 전혀 새로운 방식의 학습을 실천한 것이다. 지난 한 주일은 사람에 따라 힘들고 괴로운 자기와의 싸움이었을 수도 있고, 즐겁고 새로운 경험이었을 수도 있다. 계획대로 잘 진행했다는 만족감이 드는 반면, 목표에 못 미치는 결과에 아쉬운 마음도 들 것이다.
 정말 중요한 시기는 이제부터다. 이 모든 과정의 마지막 단계가 남았기 때문이다. 바로 피드백이다.
 피드백이란 어떤 행동에 대해 일정 시간이 지난 후에 그 과정과 결과를 평가하는 것이다. 종합적인 실행 여부를 판단하는 것은 물론, 잘한 점과 못한 점, 개선해야 할 점 등을 모두 찾아보는 것이다. 그러나 단순히 평가에 머무는 것이 아니라 다음 계획에 반영해 더 올바른 방향을 설정하는 것이 피드백의 궁극적인 목적이다.

만약 피드백 과정이 없다면 어떻게 될까. 아무리 최선을 다해 매진했다 하더라도 실행 과정을 되돌아보지 않으면 자신이 무엇을 어떻게 했는지 명확히 알 수 없다. '몇 가지는 잘 실천했고, 한두 가지는 빠뜨렸으니 이 정도면 대체로 성공한 편이야,' 라는 식의 주먹구구식 평가는 결코 도움이 되지 못한다.

예를 들어 계획의 반 정도밖에 실행하지 못했다면, 왜 계획대로 하지 못했는지 그 이유를 체크해 봐야 한다. 만약 처음부터 계획 자체가 무리했는데도 그 부분에 대한 판단 없이 넘어가면 다음 주에도 같은 잘못을 반복하게 된다. 지난 과정을 되돌아보고 이를 통해 앞으로의 계획을 수정·보완하는 과정이 없기 때문이다. 일종의 악순환인 셈이다.

그러나 이번 주와 다음 주 사이 적절한 시간에 피드백 타임을 설정하고 한 주간의 과정을 면밀히 검토한다면 그런 실수는 더 이상 없게 된다. 특히 이런 계획적인 자기주도학습을 처음 시작해 보는 학생에게는 피드백 타임이 더없이 중요하다. 계획을 세우는 것, 시간을 관리하는 것, 습관을 형성하는 것 등 어느 것 하나 익숙하지 않기 때문이다.

사실 평범한 사람이라면 누구나 시행착오는 있게 마련이다. 아무리 본인이 세운 계획이라도 그것을 완벽하게 실행할 수는 없다. 그렇기 때문에 피드백 과정이 더더욱 필요하다. 처음이라 제대로 실천하지 못했지만 다음에는 더 잘할 수 있다는 다짐을 하기도 하고, 잘못된 계획을 바꿔볼 수도 있다. 그러다 보면 점차 노하우가 생기고 자신에게 더욱 잘 맞는 계획과 실행의 방식을 갖추게 된다. 모든 계획은 피드백 과정을 통해 점차 완벽에 가까워지는 것이다.

일주일을 돌아보라

"지난 한 주 어땠니?"

아이에게 슬며시 질문을 던져본다. 물론 부모 입장에서 이런저런 불만이 적지 않았을 것이다. 월요일에는 3시간 공부하기로 계획해 놓고 재미있는 드라마에 푹 빠져 두 시간도 채우지 못했고, 영어 단어 외우기는 이틀이나 빼먹었다. 아침에 깨우지 않아도 일찍 일어나겠다는 습관리스트를 작성했지만 그건 거의 실패다.

그러나 목표와 계획 수립 그리고 실행의 과정이 그러했듯 이번에도 아이가 스스로 평가할 수 있도록 부모의 자리에서 코칭해주는 것만이 최선의 방법이다. 한 주를 어떻게 보냈는지, 계획한 내용과 실제 사이에서 어느 정도 성과가 있었는지 아이 입장에서 생각해 볼 수 있도록 먼저 질문해야 한다. 이런 피드백 타임은 대체로 일요일 저녁에 한 시간 정도 갖는 것이 좋다. 다른 날에 비해 여유 있는 휴일 낮 동안 지난주를 되돌아보기 쉽고, 다가오는 한 주에 대한 긴장감도 가질 수 있기 때문이다.

피드백 타임은 우선 계획이 전반적으로 잘 진행됐는지 총체적인 평가를 하는 것으로 시작한다. 만족스러운 결과를 보였다면 더할 나위 없이 기쁘겠지만, 반대로 실행이 미흡했다면 왜 그런 결과가 나왔는지 이유를 따져보아야 한다.

일반적으로 계획을 끝까지 실천하지 못하는 데에는 몇 가지 정해진 이유가 있다.

첫째는 너무 무리한 계획을 세웠기 때문이다. 예를 들어 화요일과 목요일에는 학원에 들렀다 집에 오면 이미 8시가 넘는데, 이날도 하루 3시간씩 자율학습을 하기로 계획했다면 당연히 잘못 계획을 짠 것이 된다. 공부를 열심히 하겠다는 욕심만 앞세워 무리한 계획을 세운 것이다.

두 번째는 목표에 대한 집중도가 떨어진 경우다. 플래너에 적어 놓기만 하고 관심을 기울이지 않았다거나, 계획을 세웠다는 것 자체를 아예 잊었을 수도 있다. 어른들이라면 이런 일이 생기기는 희박하겠지만, 아직 어린 아이들인 경우 이런 일이 종종 생긴다. 놀다 보면 잊고, 게임에 열중하다 보면 나중에 '아차!' 싶은 것이다.

세 번째는 할 일을 다 알고 있으면서도 게으름을 부린 경우다. 아마도 계획을 실천하지 못하는 가장 흔한 이유일 것이다. '너무 피곤해, 내일부터 해야지!'라고 생각했을 수도 있고, '기왕 친구와 만났으니 한 시간만 더 놀다 들어가자!'라고 생각했을 수도 있다. 스스로에게 이런저런 핑계를 대며 할 일을 뒤로 미뤄 결국 계획대로 공부하지 못한 경우다.

이유야 어찌되었건, 계획대로 못한 결과를 보면 아이들은 심리적으로 중압감을 느낄 수 있다. 이에 대해 부모 입장에서 탓하기 보다는 함께 고민하고 개선책을 찾도록 해야 한다.

피드백으로 더 완벽해진다

피드백을 보다 효과적으로 하기 위해서는 눈에 보이는 평가표를 작성하는 것이 좋다. 그렇다고 해서 학교 성적표처럼 점수를 매기라는 것이 아니라 각 항목별로 어느 정도 수준까지 실행했는지, 잘한 점과 못한 점은 어떤 것인지 기록해 두어야 한다는 뜻이다. 이 부분은 계획표 자체에 활동 항목별로 평가할 수 있는 란을 마련해 진행하는 것이 좋다.

앞서 했던 총괄 평가가 그리 만족스럽지 않더라도 세부적으로 보면 잘한 점이 눈에 띌 수 있다. 예를 들어 평상시에는 책을 다 읽고 그냥 덮는 식이었지만, 책 한 권을 읽을 때마다 간단한 내용과 감상을 기록할 수 있는 독서기록장을 마련한 것은 매우 효과적이었다는 등의 내용이다. 반대로 습관리스트에 적어두고서도 여전히 웹서핑에 많은 시간을 빼앗겼다면 이런 것들은 따로 기록해 다음 주부터는 더 세심한 관리를 할 수 있도록 한다. 못한 점보다는 잘한 점을 부각해 아이를 격려하는 것도 잊지 않는다.

객관적인 평가 외에 한 주간 실행해 본 소감도 적어보도록 한다. 잠을 줄이는 일이 힘들었다든지, 스스로 계획을 세워 실천하니 뿌듯하다든지 하는 아이 나름의 다양한 소감이 있을 것이다. 이런 작은 감정들까지도 기록해 두면 힘들 때마다 다시 들춰보며 에너지를 얻을 수 있다.

앞서도 말했듯 피드백의 궁극적인 목적은 수정과 보완이다. 아무리 철저히 평가했다 하더라도 다음 계획에 반영하지 않으면 탁상공론에 불과하다.

이번 주에 실천하지 못한 것들을 다음 주로 그대로 미루는 것은 별 의미가 없다. 다시 새로운 목표와 계획을 세우고 심기일전해야 한다. 목표가 지나치게 높았다면 일정부분 낮추고, 특별히 필요하지 않은 세부 목표였다면 과감히 삭제한다. 이런 것들은 한 주간의 경험 없이는 할 수 없는 일들이다. 계획—실행—피드백의 전 과정을 모아 다시 계획을 짜고, 그 계획을 실행해 피드백하는 것이다. 몸에 맞춘 듯이 자신에게 알맞은 계획은 저절로 짜이는 것이 아니다. 숱한 경험과 시행착오 끝에 가장 적절한 계획을 만들 수 있다.

이렇게 다음 주 계획까지 수립함으로써 한 주간의 자기주도학습은 일단락된다. 목표와 계획 수립, 실행과 습관 형성의 과정이 반복되면서 금세 한 달이 채워진다. 그렇게 여러 달이 모여 또 일 년이 된다. 그쯤 되면 따로 노력을 기울이지 않아도 아이는 남다른 노하우로 자기주도학습을 진행해 나갈 수 있게 된다.

27 실패는 나쁜 게 아니란다

목표 수립부터 계획, 실행, 피드백에 이르기까지 플래닝의 전 과정을 마친 이 순간. 드디어 해냈다는 성취감에 한껏 들뜬 아이가 있는가 하면, 마음 한 구석이 못내 불편한 아이도 있을 것이다. 부모와 함께 피드백 타임을 갖기 시작하며 이미 안절부절 했던 아이들이 그렇다. 이유는 바로 계획을 완벽하게 실행에 옮기지 못했기 때문이다.

어떤 아이는 시간을 착실히 관리해 계획한 내용을 대부분 실천했지만 소소한 습관 관리를 못했을 수도 있고, 또 어떤 아이는 계획 중 반도 실행하지 못했을 수도 있다. 최선을 다해 노력했지만 도저히 계획을 못 다 지킨 경우도 있고, 친구들과 노는 일에 정신이 팔려 아예 목표를 잊어버린 경우도 있다.

이럴 때 부모가 "괜찮아, 이 정도면 아주 훌륭해! 다음에 더 잘 하면 돼"

라고 격려해도 아이 스스로 강한 실망감 또는 실패감에 노출되기 쉽다.

'내가 이렇지, 어차피 잘 안될 줄 알고 있었어!'

'열심히 했는데도 이 정도밖에 못 했다니 너무 실망이야!'

'기운 빠져. 이제 계획 따위는 세우지 않겠어!'

아이마다 이런저런 생각에 사로잡혀 있을 것이다.

그런데 이런 좌절감은 실패 그 자체보다도 몇 배 더 위험하다. 이 시기에 아이의 실패를 잘 관리해 주지 않으면 자기주도학습을 더 이상 진행시키지 않으려 할 수도 있다. 만약 아이가 잔뜩 실망해 있다면 다음 이야기를 들려주자.

일흔이 가까워 보이는 한 노인이 시린 찬바람을 맞으며 콜로라도 평원의 어느 레스토랑 앞에 서 있었다. 그의 어깨는 축 쳐져 있고, 매서운 바람에 옷깃은 쉴 새 없이 날리고 있었다. 사실 그는 지금 막 레스토랑에 직업을 얻기 위해 들어갔다가 거절을 당하고 나오는 길이었다. 엄밀하게 말하면 프랜차이즈 계약을 제안한 것이지만 당시에는 그런 개념이 없었기에 누구도 그의 아이디어에 손을 들어주지 않았다.

문제는 그의 나이가 이미 67세였고, 이번이 999번째 거절이라는 것이다. 노인은 잠시 실망감에 잠겼지만 이내 허리를 곧추세웠다. 그리고 온 세상 사람들이 다 맛보고 싶어 하는 최고의 치킨 레스토랑을 내겠다는 희망을 다시 되새겼다. 그의 이름은 커넬 할랜드 샌더스다.

그로부터 1년 후 커넬 샌더스는 무려 1009번의 거절 끝에 자신의 요리비법을 사겠다는 레스토랑과 첫 계약을 맺는다. 이것이 바로 현재 세계적인 프랜차이즈 업체로 성장한 '켄터키프라이드치킨'의 시작이었다.

무수한 거절과 무시의 말 앞에서도 커넬 샌더스는 전혀 낙담하지 않았다. 오히려 자신의 요리는 정말 완벽하다는 자기 암시를 통해 마침내 성공에 이른 것이다. 그는 '인생 최대의 난관 뒤에는 인생 최대의 성공이 숨어있다.'는 말을 남겼다.

실패에서 빨리 벗어나라

실패와 관련해 중요하게 여겨야 할 것은 실패 그 자체가 아니라 실패 이후다.

실패와 맞닥뜨려 좌절한 아이에게는 우선 최대한 용기를 북돋워 한시바삐 실망감에서 벗어날 수 있도록 해야 한다. 오랜 시간 좌절하는 것만큼 나쁜 것이 없다. 이때는 비전과 목표, 사명 등 흔들리지 않는 방향에 대해 다시 생각해 보도록 하는 것이 최선의 방법이다.

계획 몇 가지를 실천하지 못했다고 해서 처음에 가진 목표가 훼손된 것은 아니라는 사실을 빨리 인식하도록 해야 한다. 한 주간의 실행 시스템을 계획대로 잘 운영하지 못했다고 해서 아이의 꿈과 비전마저 사라지는 것은 아니기 때문이다. 지키지 못했던 소소한 계획보다는 전체 틀을 바라보게 함으로써 실패를 극복하도록 해야 한다.

실패에서 벗어나도록 하는 두 번째 방법은 실패에 대해 관대한 태도를 지니도록 조언하는 것이다. 모든 목표 관리 과정에서 가장 불필요한 것이 실패에 대해 두고두고 자책하는 것이다.

심지어 아이가 스스로를 책망하고 있을 때 한 술 더 떠 "그때 조금만 조심했어도 잘 할 수 있었는데 왜 그랬니?"라며 아이를 질책하는 부모도 있다. 안타까운 마음에서 하는 말이겠지만 무슨 일이 있어도 피해야 할 말이다. 부모의 감정적인 책망으로 인해 아이는 당연히 의기소침해지고 다음에는 도전을 아예 회피하게 된다. 잘못하면 끝도 없는 열등의식과 자기비하의 감정에 빠져드는 수가 있으니 조심해야 한다.

또한 실패는 절대 감추는 것이 아니라고 조언해야 한다. 대개 아이들은 잘못한 일을 최대한 숨기고 부모에게 말하지 않으려 한다. 계획을 실행하는 과정에서 고의 없이 결과가 잘못 나온 경우에도 아이들은 그것을 감추고자 한다.

그러나 의도적인 잘못이 아닌 경우에는 절대 실패를 부끄러워해서는 안 된다는 것을 깨닫도록 하자. 실패는 감추면 감출수록 더 커져서 나중에는 걷잡을 수 없이 힘들어진다. 성적이 좋지 않다고 해서 성적표를 숨기거나 심지어 부모 몰래 고치는 아이들이 바로 이 경우에 해당한다. 실패를 숨기면, 나중에는 되돌리고 싶어도 할 수 없는 상황이 되고 만다는 것을 인식시켜야 한다.

실패도 재활용한다

좌절하고 우울한 상태에서 벗어났다면 이제는 실패를 활용할 차례다.

'실패는 망각의 대상이 아닌 학습의 대상'이라는 말이 있다. 실패를 통해 성장의 지혜를 얻어야 한다는 이야기다. 보통 잘못한 일이 있거나 뜻대로 일이 되지 않았을 때 '빨리 잊어버려라!'라는 조언을 많이 한다. 그러나 이것은 옳지 않은 태도다. 실패는 결코 기억에서 지워야 할 일이 아니다. 오히려 실패의 이력서를 만들어 그 내용을 학습해야 한다. 말하자면 데이터베이스화 해야 한다는 것이다.

실패목록을 작성할 때는 먼저 실패의 원인을 분석해야 한다. 단지 게으름 때문에 계획을 지키지 못했는지, 아니면 계획 자체에 오류가 있었는지 자세히 따져봐야 한다. 시험 점수가 기대보다 낮게 나왔을 때도 마찬가지다. 열심히 공부했는데도 평균 점수가 낮다면, 과목 중요도를 고려해 제대로 학습했는지, 범위는 착오가 없었는지 모두 살펴보도록 해야 한다.

모든 사람마다 공부 스타일이 다르고, 성적이 다르고, 능력이 다르기 때문에 실패의 지점 역시 각자 다르다. 때문에 이렇게 작성한 자신만의 실패목록은 일종의 오답노트처럼 앞으로 결정의 순간에 유용하게 활용할 수 있다.

한 번의 실패는 두렵지 않다. 반복되는 실패가 두려운 것이다. 실패를 반복하지 않기 위해서는 어떻게 해야 할까. 카네기는 "실패한 후에 교훈을 얻지 못하는 사람은 반드시 또 실패한다."고 말했다. 어차피 문제점은 한두 곳이기 때문이다. 그 문제점을 발견하고 수정하면 실패확률은 분명히 줄어든다. 실패는 새로운 계획에 치밀함을 더하게 하고 성공 가능성을 높여 준다. 실패로부터 배운 사람은 실패해 보지 않은 사람에 비해 다음에 성공할 가능성이 몇 배 더 높은 것이다. 오히려 지금 성공한 사람이 다음에 실패할 확률이 더 많다는 것은 이미 입증된 사실이다. 성공의 기쁨에 취해 별다른 노력 없이 또 다른 성공을 노리기 때문이다.

세상에는 좋은 실패와 나쁜 실패가 있다고 한다. 단순한 부주의나 순간적인 오판으로 인한 실패에서는 배울 것이 없다. 이것은 나쁜 실패다. 그러나 실패를 거울삼아 더 나은 도약을 이루는 경우는 좋은 실패다. 전에 몰랐던 교훈을 얻고 다음에는 더 잘 할 수 있다는 자신감을 얻기 때문이다. 이름하여 '성공적인 실패'다.

아이가 낙담해 있을 때 작은 어깨를 조용히 쓰다듬어주는 것만으로도 아이는 다시 시작할 용기를 얻는다. 여기에 더해 부모의 탁월한 코칭으로 실패의 교훈까지 스스로 얻는다면 더 바랄나위가 없다.

피드백 과정의 중요한 목표 중 하나는 내 아이가 실패를 통해 더 크게 성장할 수 있도록 하는 것이다. 때문에 이번에 계획을 모두 이루지 못했다면, 오히려 성공한 것이다. 아이는 분명 그만큼 성장했기 때문이다.

28 이것 봐, 네가 해냈어!

　실행시스템을 완결하기 위해서는 반드시 거쳐야 하는 과정이 있다. '실패 관리'까지 한 마당에 뭐가 더 필요한가 궁금할 것이다. 그러나 이 과정이 없으면 아이는 자신이 무엇을 공부했는지 머릿속으로는 알아도 마음으로는 알지 못할 수 있다. 또한 다음 단계로 전진하는 에너지가 부족해질 수도 있다. 바로 '성취감 얻기'다.

　목표의 크기에 상관없이 어떤 일을 이룬 후에는 반드시 성취감을 만끽하는 과정을 거쳐야 한다. 목표를 설정하고, 시간을 관리하고, 실행시스템을 운영하고 마지막으로 피드백 과정까지 거치는 것은 모두 최종적으로 성취감을 얻기 위해서다.

　'드디어 내가 해냈어!'
　'못할 줄 알았는데 생각보다는 쉽네!'

'다음에는 더 잘 해야지!'

이런 감정들은 모두 불가능할 것 같았던 힘든 목표를 노력을 통해 이루었을 때에만 느낄 수 있는 감정들이다. 특별히 목표를 정하지 않고 되는대로 공부하고 일하는 사람은 결코 맛볼 수 없는 느낌인 것이다.

성취감과 만족감이 없는 학습과정은 결코 성공을 거둘 수 없다. 학습과정은 길고 오랜 시간을 필요로 하는데 그 기간 동안 자신을 지탱해 주는 힘은 매 단계에 올라섰다는 성취감이다.

매번 목표 앞에서 실패하거나 막상 목표를 이룬 후에도 자기 스스로 '해냈다'는 기쁨을 갖지 않으면, 에너지는 쉽게 바닥난다. 하고자 하는 의욕이 꺾일 뿐 아니라 실제로도 기운이 없어 열심히 공부할 수가 없게 된다.

무엇보다 성취감은 자신감의 기반이 된다. 작은 목표를 이룬 자만이 더욱 큰 목표를 달성할 수 있다. 이미 이루어 낸 일보다 더 어려운 일이 닥치더라도 걱정에 휩싸이지 않는다. 적당한 좌절과 스트레스도 자신감 형성에 필요하다고는 하지만, 자신이 이미 성공해낸 일에 대한 만족감에는 미치지 못한다. 자기주도학습이 성공을 거두기 위해서는 먼저 부모의 코칭을 통한 성취감 관리가 무엇보다 중요하다. 아이는 작은 성취감에서 자신감과 만족을 얻고, 자신이 매우 중요한 존재임을 인식한다. 이후 자신에 대한 긍정이 바탕이 되어 또 다시 성취를 거두고, 이것이 반복되면 부모의 도움 없이도 스스로 학습이 가능해지는 것이다.

작은 목표부터 시작하라

아이의 성취감을 극대화하기 위한 방법은 다음과 같다.

우선 계획을 세울 때는 작고 이루기 쉬운 목표부터 설정하도록 한다. 지나치게 높은 수준의 목표와 오랜 시간을 필요로 하는 것은 아이를 지치게 한다. 그렇다 보면 결국 목표를 달성할 수 없게 되고, 처음부터 좌절감을 맛보면 자신감이 떨어지기 마련이다.

작은 목표를 세워야 하는 또 다른 이유가 있다. 오랜 시간이 흐른 후 한 번에 커다란 성취감을 맛보는 것도 좋지만 하루, 일주일마다 크고 작은 성취감을 반복적으로 느끼게 하는 것이 아이에게 매우 도움이 된다. 이는 실행시스템을 주간 단위로 운영하고, 학습플래너에 단기 목표를 적어 실행하도록 하면 저절로 가능해진다.

성취감 향상을 위한 두 번째 방법은 아이가 잘하는 것에 집중하는 것이다. 일반적으로 대다수 부모들은 학원과 인터넷 강의 등을 통해 아이의 부족한 과목을 보완하는 일에만 주력한다. 그러나 아이가 남달리 잘하는 과목 역시 주목의 대상으로 삼아야 한다. 전략과목으로 삼고 집중 관리하는 것은 물론, 아이 스스로도 자신이 잘하는 것을 인식할 수 있도록 해야 한다.

공부 뿐 아니다. 아이가 좋아하거나 잘하는 것이라면 강점으로 살리는 교육이 필요하다. 천재는 만들어진다고 하지 않던가. 평범한 아이와 뛰어난 아이의 차이는 부모의 강점을 살리는 교육에 있다. 잘하는 것을 더 많이 하도록 하면 당연히 성취감과 만족감이 커지고 그만큼 성과도 높아지기 때문이다.

한편 아이의 성취감을 높이기 위해서는 칭찬과 격려도 중요하지만 자신의 성취에 대해 아이 스스로 보상받도록 하는 것이 좋다. 피드백 과정에서 아이의 노력을 칭찬하는 것은 물론 바람직한 일이다. 잘했든 못했든 부모의 격려는 반드시 필요하기 때문이다. 그러나 아이의 성과에 대해 언제까지나 부모가 보상해 줄 수는 없다. 처음에는 칭찬을 통해 아이 내면의 의지와 에너지를 끌어올리되, 일정 기간이 지나면 아이 스스로 성취감을 찾아내는 쪽으로 유도해야 한다.

마지막으로 적절한 동기를 수시로 부여함으로써 성취감을 극대화시킬 수 있다. 아무리 작은 목표라도 그에 대한 동기가 분명하면 더 집중하게 되고, 목표를 이뤘을 때 더 큰 만족감을 얻을 수 있다. 아이가 막상 목표를 달성한 후에도 시큰둥한 반응을 보인다면, 처음에 그 목표에 도전하고자 했던 이유를 상기시킬 필요가 있다.

성취감을 높이는 코칭

실행시스템을 처음 시작할 때는 아이의 성취감을 자극하기 위한 칭찬과 격려가 반드시 필요하다. 피드백 과정에서 부모는 아이가 잘한 점을 최대한 부각시켜 칭찬하고 격려해야 한다. 아이를 칭찬할 때 반드시 염두에 두어야 할 사항이 몇 가지 있다.

첫째, 결과보다는 과정을 칭찬해야 한다. 목표를 달성한 후 아이 스스로 성취감을 느끼는 것과 별개로, 부모가 개입할 때는 성과보다는 과정에 더욱 주목해야 한다. 예를 들어 친구들과 갑자기 영화를 보러 갔던 아이가 너무 늦게까지 놀지 않고 들어와 계획대로 공부했다면, 계획을 잊지 않고 실행한 아이의 행동을 크게 칭찬해 주어야 한다.

둘째, 현재까지의 모습과 비교해 칭찬한다. 즉, 다른 아이와 비교하지 않는다. 대부분의 부모는 아이를 칭찬할 때 옆집의 누구, 같은 반의 누구와 비교해 더 잘한 점을 부각시킨다. 그러나 이것은 옳지 않은 칭찬법이다. 다른 아이의 행동이나 성취도를 판단 기준으로 삼을 필요는 없다. 무엇보다 이렇게 칭찬할 경우 아이는 친구를 경쟁자로 생각하게 되어 인간적인 교우관계를 갖기 힘들어 할 수 있다. 때문에 지금까지의 모습과 비교해 긍정적으로 변화한 모습에 주목해 아이를 칭찬해야 한다.

특히 처음 자기주도학습을 시작하고, 목표와 계획을 실행하고자 노력하는 과정에서는 이전과 달라진 모습을 많이 볼 수 있을 것이다. 이런 모습들을 잘 관찰해 두었다가 피드백 타임에 적절히 격려하고 칭찬함으로써 실행 과정에 대한 아이의 만족감을 높여줄 수 있다. 이렇게 칭찬받은 아이는 분명 다음에는 더 많이 변화한 모습을 보여주고자 노력할 것이다.

셋째, 부모의 기대에 맞춰 평가하면 안 된다. 아이 딴에는 정말 최선을 다해 계획을 실천했건만, 부모의 기대 수준에 도달하지 못했다고 해서 실패로 간주하는 부모가 간혹 있다. 이렇게 칭찬에 인색하면 아이는 점차 자신의 능력을 불신하게 되고, 스스로 성취감을 찾기도 힘들어한다.

아이의 능력은 언제나 부모의 기대와 다를 수밖에 없다. 내 아이만큼은 최고여야 한다는 부모의 욕심 때문이다. 그러므로 부모 입장에서 바라는 기준보다는 아이의 입장에서 생각할 수 있는 기준에 맞춰 칭찬해야 한다. 작은 성취도 크게 칭찬하고 다음에 더 잘할 수 있다는 자신감을 불어넣어 줘야 한다.

마지막으로 아이를 칭찬할 때 꼭 염두에 두어야 할 사항은 **진심으로 함께 기뻐해야 한다**는 것이다. '이번에 잘 했구나! 다음에 더 노력하기 바란다.'는 식의 무미건조한 칭찬은 별 효과가 없을뿐더러, 이런 반응이 반복되면 아이는 자신이 평가당하는 존재라고 인식할 수 있다. 따라서 아이보다 더 기뻐하며 칭찬해야만 아이는 진정으로 성취감을 만끽할 수 있다. "이것 봐! 네가 정말 해냈구나!"라고 말하며 아이를 따뜻하게 끌어안아줄 수 있어야 한다.

그러나 잊지 말아야 할 것은 자신이 설정한 목표를 달성함으로써 얻은 성취감은 그 어떤 칭찬보다 중요하다는 것이다. 칭찬을 통해 아이는 성취감에 대해 알고, 점차 스스로 자신의 성취를 기뻐할 수 있게 된다. 다른 사람의 평가 없이 자신의 노력과 성과에 의미를 부여하고, 거기에서 에너지를 얻게 된다. 이런 과정은 아이에게 자신감을 불어넣고, 이런 경험들이 계속 쌓이면 마침내 어떤 힘든 과정도 두려워하지 않는 진정한 자기주도형 인간이 되는 것이다.

에필로그 | 이제부터가 시작이다

　책을 마지막까지 읽은 독자라면 이제 학습 코칭과 자기주도형 학습의 중요성을 충분히 인식했을 것이다. 또한 자기주도학습의 프로세스도 어느 정도 이해했을 것이라 생각한다. **중요한 것은 실천이다. 학습 과정에서 무엇보다 중요한 것이 '실행' 이듯이, 부모의 학습 코칭도 머리로만 이해해서는 성과를 얻을 수 없다. 실천이 반드시 따라야 한다.**

　학습 코칭을 처음 시작할 때는 부모와 아이가 모두 낯설게 느낄 수 있다. 평소와는 달리 아이의 의사를 묻고, 결정을 내릴 때까지 기다려주는 일이 쉽지 않을 것이다. 하지만 작은 것부터 바꿔 나가야 한다. 아이 역시 늘 공부하라는 잔소리만 하던 어머니의 달라진 모습에 의아해 할 수 있다. 또 스스로 공부한다는 것이 익숙하지 않을 것이다. 그러나 과거의 습관에서 벗어나고자 하는 의지만 있다면 이쯤은 아무 것도 아니다.

　이런 순간을 잘 넘긴 후에도 위기는 찾아올 수 있다. 모든 것이 처음이므로 계획과 실행, 습관화와 피드백의 과정에서 시행착오가 없을 리 없다. 그러나 단 한 번만 심혈을 기울여 이 모든 과정을 거치고 나면, 자기주도학습의 효과에 대해 분명 확신하게 될 것이다. 지금까지의 수동적인 공부와는 어느 모로 보나 다르기 때문이다. 한 번의 과정을 통해 자신감이 붙으면 두 번째부터는 쉬워진다. 더 이상 억지로 하는 공부는 없다. 정말 하고 싶어 하는 공부는 뭐가 달라도 다르다. 부모와 아이 모두 자신도 모르게 변화한 모습에 스스로 놀라게 될 것이다.

이 모든 과정에서 부모의 노력은 무엇보다 중요하다. 아이를 코칭하는 스킬을 익혀야 하는 것은 물론, 최대한의 인내심을 발휘해야 하기 때문이다. 그러나 이때 필요한 인내심은 과거의 인내심과는 다를 것이다. 아이의 행동을 전혀 예측하지 못하는 상황에서 가졌던 인내심이 아니라, 분명 스스로 공부할 것을 알고 그 적절한 때를 기다려주는 행복한 인내심이기 때문이다.

지금 이 순간에도 내 아이의 잠재력에 대해 의문을 갖는 부모가 적지 않다. 과연 우리 아이만의 재능이 있을까? 열심히 노력하면 바라는 만큼의 성과를 얻을 수 있을 것인가?

다시 강조하지만 인간의 잠재력은 무한하다. 다만 그것을 꺼내 활용하는 방법을 정확히 알지 못하고 있는 것이다. 아이 내면에서 잠자고 있는 잠재력을 흔들어 깨우기 위해서도 학습 코칭은 반드시 필요하다. 마음 가는대로, 내키는 대로 교육하는 시대는 지났다. 부모는 아이 교육에 대한 뚜렷한 원칙과 그에 따른 정확한 기술로 아이의 마음을 움직여야 한다. 그래야만 부모와 아이가 한 마음이 되어 숨은 잠재력을 밖으로 이끌어낼 수 있는 것이다. 그렇게 되면 원하는 것은 무엇이나 이룰 수 있다.

아이의 잠재력을 발현시키기 위해서는 아이의 마음부터 들여다봐야 한다. 그것은 아이의 꿈과 비전을 함께 고민해주는 데서 시작한다. 아이가 원하는 것을 정확히 캐치하고, 그것을 구체화하기 위해 같이 노력해야 한다. 그런 모습을 보며 아이는 비로소 마음을 열고, 행복한 아이가 된다. 잠재력을 발휘한다는 것이 무조건 남보다 뛰어난 모습을 보이는 것이라고 생각하면 오산이다. 내 아이가 즐거운 마음으로 자신만의 가치를 찾기 시작했다면 그 교육은 이미 성공한 것이다.

학습 코칭은 기본적으로 성공적인 자기주도학습을 가능하게 하지만, 더 크게는 아이를 성공적인 인생으로 이끄는 가장 적절한 방법이다. 아이와 눈을 맞추고 그 마음을 들여다 볼 준비만 되어 있다면 조금도 어려운 일이 아니다. 지금부터 행동에 옮기자. 행복한 변화가 시작될 것이다.

―집필을 마치며

이강웅

아이를 바꾸는 학습코칭론

초판 인쇄 | 2008년 7월 11일
초판 발행 | 2008년 7월 17일
2판 2쇄 | 2010년 11월 16일

지은이 이강욱 | **발행인** 홍순창 | **북디자인** 정지영 | **편집** 김보현 | **정리** 손민영
출력 정보출력 | **인쇄** 미성인쇄 | **제본** 을지제본 | **배본창고** 비상 | **펴낸곳** 토담미디어
등록번호 2-3835호 2003년 8월 23일 100-032 서울 중구 저동2가 4번지 고당기념관 4층
영업부 직통 2271-3335 **팩시밀리** 2271-3336 **홈페이지** www.todammedia.com

이 책의 내용에 대한 저작권은 유효기간에 한해 토담미디어와 저자 이강욱에게 함께 있습니다.
책값은 뒤표지에 있습니다 | 잘못된 책은 바꾸어 드립니다 | ISBN 978-89-92430-18-0